# 廃校危機からの脱出

## コーディネーターと歩んだ10年間の軌跡

一般財団法人
つわの学びみらい

幻冬舎 MC

# 廃校危機からの脱出

## コーディネーターと歩んだ10年間の軌跡

# はじめに

１９７０年代島根県津和野町《つわのちょう》はアンノン族と呼ばれる観光客で溢れ、母校津和野高校の通りには貸し自転車で町歩きする若いひとでにぎわっていました。自転車のチリン - チリンというベルの音を聞くと体育館の窓越しによく手を振ったものです。観光業で成り立っていた町には活気がありました。まさか30年も経たないうちに、明治41年開校の伝統ある津和野高校が廃校の危機を迎えるとはだれも思ってもみませんでした。

島根県立津和野高校は当時1学年４学級の中規模校でした。机の間隔は狭く40人を超す生徒が１クラスに詰め込まれました。２００２年までは1学年４学級が維持されていましたが、都市部への人口流出と少子化という時代の流れに抗えず、過疎化は進行して２００７年には２学級募集となりました。わずか5年で学級数が半減しました。

津和野町内児童数の基礎調査では２０２１年には中学3年生が40名程度と予測され、島根県の統廃合基準に照らして2学級維持が困難であるとの予想がされ、廃校の危機にさらされていました。こうした状況を憂える町内卒業生を中心として2006年6月に「島根県立津和野高等学校後援会」が設立されました。また、2010年度には津和野町教育委員会に「津和野高校支援係」が置かれさまざまな支援が行われましたが、入学生は減少し続けて2013年には55名となりました。10年間の努力は報われずこのまま廃校に突き進みまさに廃校の危機でした。

今回、この本に載るのはそんな廃校寸前の高校に配置された教育魅力化コーディネーターが、縁もゆかりもない津和野に移住して本のタイトルとなっている「廃校危機からの脱出」のみならず、その先の姿まで想像させてくれるまでの軌跡を、キーパーソンとなるコーディネーターの聞き取りによりまとめたものです。

そこには、学校特有の閉鎖的環境との闘い、公教育という壁との葛藤、地域おこし協力隊という時間制限などさまざまな試練がありました。

そんな試練を乗り越えてわずか2年で生徒数を増加に転じさせ、いまでは津和野町のすべての校種に教育コーディネーターが配置されて津和野モデルと言っても過言ではない教育モデルを実現するまでに至った経過が載せてあります。

最初の配置となった中村純二コーディネーターが津和野に来た翌年、校長として母校に赴任した私は彼らの活躍を目の当たりにすることになります。当初は必ずしも歓迎されずよそ者扱いされていた彼らが、縁もゆかりもない生徒たちのために奮闘する姿は頼もしくもあり、不可思議でもありました。これから学校をどこへ向かわせようとしているのだろうと不安にもなりました。

彼らの行動は、ある意味これまでの常識を超えた挑戦でした。公教育に浸かっていた私には毎日が「目から鱗」状態でした。彼らが葛藤したように私もずいぶん葛藤しました。「何もやらず倒れるより、何かして前向きに倒れたい」と思って赴任しましたが、特に戦略があるわけでもなく、変革の鍵を彼らに預けることにして、配置されていたコーディネーターが動きやすい環境をつくることくらいしかできませんでした。

はたして彼らは何を考え、どう行動したのか、試練を超える原動力はなんだったのか。そんな疑問に答えられたら幸いです。

最終章では、高校魅力化事業に行政として関わった複数の職員目線で、ここまでスピーディーな動きのナゼ?について載せました。

そして、未来をどのように描いていこうとしているのか？　「次の一歩」に続きます。

一般財団法人つわの学びみらい代表理事
宮本善行

この本では、さまざまな試練に立ち向かうコーディネーターの奮闘をわかりやすく表現するため誇張した部分がありますことをご了承ください。

目次

# 第一章　魅力化コーディネーター、単身で切り込む

## 1　原点になったのは津和野水害

### ●豪雨による激甚災害を受けた津和野町

2013（平成25）年7月28日は日曜日だった。この年の3月に初めてこの町に高校魅力化コーディネーター（以下CN）としてやってきた中村純二は、激しい雨音に目を覚ました。

このとき中村が住んでいた島根県津和野町では、未明の午前4時から午前7時にかけて猛烈な雨が降り、1時間あたりの降水量が91・5ミリに達した。その日の24時間降水量は381・0ミリと島根県内で観測史上最大の降水量を記録した。この豪雨の結果、隣接する山口県と合わせて死者2人行方不明者10人を出したほか、津和野町を通るJR山口線は鉄橋が流されたり盛り土が流されレールが曲がったりするなどの被害を受けた。津和野町では1人が行方不明になったほか、建物2棟が全壊、18戸が床上浸水、93戸が床下浸水するなど島根県内ではもっとも大きな被害を受け、後に激甚災害の指定を受けることになった。

この猛烈な雨は津和野町内では午前中にピークを越えたが、道路があちこちで冠水したこともあって出歩くのは危険だった。被害の全容をつかむことは容易ではなく、中村同様津和野町

のひとたちもテレビやネットなどから得られる情報以外に確かな情報を得る術はなかった。

一夜があけて7月29日月曜日になると水も少しずつ引いてきて徐々にひとびとが動き始めた。中村も夏休みではあったが津和野高校に登校した。登校した津和野高校では何事もなかったかのように、それまでと同じ日常が動きだそうとしていた。これは中村にとってはショッキングな出来事だった。

**中村純二**　夏休み中だったのですが、中学生に向けた説明会であるオープンスクールは中止にするかとか、今日の補習授業はやめたほうが良いかとか、もしやるならこの災害の中、生徒をどうやって通学させようかとか、先生方は生徒の安全面や今後の行事運営の対応を考えることや学習機会の担保という学校の中のことで手一杯の様子でした。一歩外に出れば災害の爪痕が目に入る津和野町で、どれだけの被害が起きているのか、支援が必要なひとがいないかを調べることや自分たちがこの災害に対して何ができるのか考える余裕はなく、職員室を支配していたのは、学校の外の社会とは別世界のように平常を保とうとする、いつもと変わらない日常でした。ぼくはそれに非常な違和感を覚えたのです。

## ●津和野高校に何かできることがあるはず

夕方になって勤務時間が終わった中村は、いったん津和野高校を後にした。だが途中まで来ると、いま来た道を引き返した。当時はまだ津和野町に来たばかりで車を持っていなかった中村は、いつもは自転車で通勤する。だが、その日は豪雨災害で通れるかどうかわからなかったため徒歩で学校までやってきたのだ。

帰り道から見る風景には災害の爪痕が生々しく残っていた。積み上げられた汚れた家財道具の山。後片づけをしているひと。泥だらけの道には、あちこちに立ち入り禁止を示すカラーコーンが設置してあった。自分の足で歩くと災害の酷さが肌で感じられた。

**中村**　生なましい災害の爪痕を見ているうち、こんなときに学校で日常生活をいつもと同じように送っていて良いのかなと思いました。そして学校に戻り、それまでもよく相談に乗ってもらっていた宮島忠史教頭（当時）に自分の気持ちを打ち明けました。

「地域がこれだけ被害を受けている中で学校としてこのまま補習授業を進めていって良いんでしょうか。学校として何かできることがあるんではないでしょうか。普通に学校生活を送らせることも大事ですが、こんな災害を前に高校生になにができるか考えなくて良いのでしょうか。学校が目の前の社会に連動して動くことも同じように大事なんじゃないでしょうか」

宮島忠史はこの年の4月に教頭として津和野高校に赴任してきた。それ以前にもここで教鞭を執ったこともあったし、宮島自身も津和野高校の出身だった。だから津和野高校の生徒たちが学校と家庭や寮との往復だけの生活に満足し、地域や社会にまったく目を向けようとしないことは十分わかっていた。そして、それを憂慮してもいた。宮島もいまの中村のように「これで良いのか？」と自問自答し、生徒たちの目を外に向けるような試みを何度も繰り返してきた。そしてそのたびに挫折するという苦い経験も重ねていた。だから中村の話を聞いたとき、気持ちはよくわかったが「そう簡単には、いかないぞ」という思いもあった。

東京などの大都市と違って津和野には予備校はおろか進学塾さえない。そういう中で津和野高校の教師たちには生徒たちを有名大学に進学させてやるのは自分たちの使命だという自負もあった。

しかし、これだけ津和野町が大きな被害に遭っているのに津和野高校が何もしなかったらもう終わりだという強い危機感も同時に湧いてきた。折から津和野高校統廃合を阻止するため町を挙げて高校魅力化事業を立ち上げたところだった。その津和野高校の生徒たちがこの未曾有の災害に見て見ぬ振りを決め込んだら町の住民たちはどう思うか。答えは明白だった。宮島は中村の熱意に賭けてみようと思った。

問題は何をするかだった。当日は夏休み中の補習授業が行われる予定だったが、水害のため生徒たちは自宅待機させてあった。したがって学校にいるのは教員だけだった。

「教員に水害復旧ボランティアの話をしても難しいな」

宮島は独り言ちた。

## ●寮の炊事員の自宅でボランティアを

そのとき宮島の頭にふと浮かんできたのは、つわぶき寮の寮生たちだった。津和野高校は島根県の中山間部に位置する学校なので遠隔地から入学する生徒のために寮の設備があり、つわぶき寮と呼ばれて、当時は男女34名が入寮していた。

「この寮生をなんとか動かせないか」

そう思った宮島は情報を集めてみた。元津和野高校ＰＴＡの役員をしていた住民宅に電話してみると寮の炊事員さんで益成さんというひとの自宅が床上浸水の被害に遭っていることがわかった。そのお宅も含め周辺のひとたちも被害が酷いらしい。

益成さんは寮生たちが毎日三度の食事をつくってもらっているひとだ。そのひとが水害に遭った。それをほっておいて良いのか。明日から水害復旧ボランティアとして現場に行きたいと思うひとがいたら手を挙げてくれ。

宮島は寮の舎監の先生に寮生を集めてもらいボランティアを募った。

**宮島忠史**　これはもう賭けのようなものでした。「だれも応募してくれなかったらどうしよう」と本気で心配していました。もしだれも手を挙げてくれなかったら、「それ見たことか」と言われるのは確実でした。これまでの経験から十分にそれもあり得ると覚悟していました。

だが、宮島の危惧とは裏腹に20人を超える寮生が手を挙げた。宮島は腹の底から安堵の気持ちが湧いてくるのを覚えた。

一方、当時まだ津和野高校に魅力化コーディネーターとして赴任したばかりの中村は寮生とはあまり面識はなかった。そのため宮島と相談して寮生に声をかけるのは宮島に任せ、自分はSNSなどを通じて翌日のボランティア活動に必要な道具、たとえば長靴とか軍手とかゴーグル、マスクなどの提供を呼びかける一方で、買えるものは買っておくことにした。

翌30日火曜日、中村がボランティア活動に必要だと思われる資材を借りた車で寮に運び込むと、すでに20人ほどの寮生が待ち構えていた。

当時、寮生は全部で34人。そのうちの半分以上が宮島教頭のかけ声で集まったことになる。寮生にとってもどこかのだれかではなく、よく知っている炊事員のおばちゃんの家が被害を受けたということで何かしたいという気持ちが湧きやすかったのではないかと中村は思った。

## ●学校では見たことのなかった生徒の姿

中村が先頭に立って現場に歩いて向かう。現場に着くまで生徒たちは、まるで遠足に行くような感じだった。笑顔を見せている生徒もいた。だが現場に着くと笑顔はいっさい見せなくなった。普段は何かというと「うわー」とか「エー⁉」とか、その場を茶化すような言葉が出るのが高校生なのだが、そういう言葉はいっさい出てこなかった。中村は、そこに生徒たちの驚きや戸惑いがあらわれていたような気がした。生徒たちは現場のすごさに圧倒されて、自分たちの無力さを実感したのだろう。

現場に着くと益成さんの家は床上浸水で、畳はグシャグシャに損傷し、冷蔵庫も倒れてしまっている状況だ。汚れてしまった家財道具を地域のひとといっしょになって、生徒たちが家の外に運び出した。それが終わると家の中に入って来ていた水や土砂を、生徒たちがデッキブラシやスコップで取り除いた。

**中村**　生徒たちにとってああいう災害現場は初めての体験だったと思うんですよ。にもかかわらず自分たちから積極的に声をかけて復旧作業を手伝っている彼らの姿には胸を打つものがありました。しかも自分たちでつぎは何をすれば良いかと考え、自分たちの判断で動いていました。もちろん地元のひとたちに話を聞いて何をしてほしいか聞きながらですが。それは4月にぼくがＣＮとして津和野高校に来てから、学校の中ではけっして見たことのなかった姿でした。

昼になると地域のひとたちが炊き出しをしてくれ、生徒たちは炊き出しのおにぎりで腹を満たした。１日目は20人、２日目に40人、３日目になると中村も４月以降に親しくなった生徒に声をかけたので寮生以外の生徒も含めて60人が津和野高校からボランティアに参加した。もし中村たちが昼御飯を用意しなければならなかったら、かなりたいへんだったはずだ。地域の炊き出し拠点がすぐそばにあって、ほんとうに良かったと中村は思った。

**中村** 水害に遭ったひとは高齢者も多く、災害復旧の現場でボランティアをする生徒たちに「高校生が自分たちにはできないようなこともやってくれるので、ほんとうに助かる」と声をかけてくれるひともいました。そんな声を聞きながら生徒たちもほんとうに美味しそうに御飯を食べていました。学校での昼食やクラブ活動の合間の食事とはまったく違う顔をしていました。もちろん泥だらけになって作業をして疲れ切っているんですけど、地域のひとから「ありがとう」「ありがとう」と言われながら食べる御飯の味は格別だったと思いますよ。

初日の作業が終わると生徒たちは肩を並べて寮まで歩いて帰った。その後ろ姿を中村はカメラに収めた。そこには他人のために動いた充実感が、また自分たちのやったことが困っているひとを助けたんだという達成感が、如実にあらわれていた。

一日の作業を終えて寮に帰ってくると泥だらけの長靴をどこに置こうかという話になった。生徒たちは汚れるからと寮の玄関の外にずらっと長靴を並べた。その汚れた長靴にも生徒たちの頑張りがあらわれているようで思わず中村は写真を撮った。

**中村**　ぼくは学校の中だけの学びでは生徒たちがなかなか成長できない部分があると思っていました。それはぼくがアフリカに行って現地の教育者と交流する中でひとつの仮説として持って帰ってきたものでもあったのです。このときの津和野水害復旧ボランティアを通して、実際に地域社会の中に入って、目の前で被災して困っているひとを助けたことで、自分の中の大切な価値観に向き合い、それを感じた経験が彼ら自身を成長させた気がしました。やはり学校は地域や社会とつながっていなければいけない。その思いを新たにしました。

## ●ボランティアで「津高生」を見る目が大きく変わった

最終的にボランティアは夏期講習（補習）に配慮して3日でやめた。だが、1日目に20人、2日目40人、3日目60人の生徒が水害復旧ボランティアに集まり、3日目には10人ほどの先生も参加した。当時の津和野高校の全校生徒は約150人で、先生は20人ぐらいだから、半分近い生徒と先生が水害復旧ボランティアに参加したことになる。

正直なことを言うと中村は3日間だけでこのボランティアを終わりにしたくなかった。参加する人数も日増しに増えてきていたし、生徒たちも次第にスムーズに動けるようになっていたからだ。何より、水害の復旧作業は、まだ始まったばかりで、ボランティアの数はぜんぜん足りていなかったのだ。また、もっとボランティアを続ければ、さらに参加者も増え、受験偏重の先生方の意識が変わるきっかけになるような気もした。

そんな気持ちが変わったのは3日目の夜、行きつけの居酒屋に行って、その店の大将と話をしたことがきっかけだった。

**中村**　その大将の息子さんは当時津和野高校に通っていました。ぼくがCNだということも知っていて、いろいろ話を聞いてくれる関係になっていました。そこでぼくは「生徒たちといっしょにボランティアを続けたい」と自分の気持ちを率直に話してみました。すると大将はこう言ったのです。

「それは無理。学校に戻らないといけない。子どもは勉強することが役目だから」

多くの保護者もそういうふうに感じているんだなと思い、これ以上は無理だな、と諦めがつきました（笑）。

とはいえ、このボランティアを通じて中村と寮生の距離はぐっと近くなった。それまで生徒会の活動などを通じて面識のあった生徒もいたが、この3日間のボランティアを通して仲良くなれた。そして中村にとって何よりもうれしかったのは地域のひとたちとの距離がぐっと近くなったことだ。津和野高校の生徒たちが泥だらけになりながら床上浸水した家の泥を掻き出すボランティアをしたことで地域のひとたちの「津高生」を見る目は大きく変わった。

**宮島**　それは中村や生徒たちといっしょにボランティアに参加した教員たちも感じたことでした。ボランティア初日こそ中村と私以外に教員の参加は数名でしたが、2日目、3日目となると教員の参加者も入れ替わり立ち替わりで10名以上まで増えてきました。そして彼らもボランティアの現場に立つことで地域のひとたちの見る目が変わったことに気づきました。

そうなると当初は教員の中にあった温度差も薄まっていき「地域とのつながりを強めることは必要だ」という認識が教員の間にも深まっていった。

高校魅力化コーディネーターとして津和野高校に赴任してから4カ月あまり。まったくの部外者として教員はもちろん生徒や地域の住民との関わりしろの糸口がつかみ切れなかった中村にとって、この3日間は、初めて地域の扉が開いたと感じた瞬間でもあった。そしてここが津和野高校魅力化事業の原点となり、「0歳児からのひとづくり」事業が花開いていくことになるとは、まだだれも想像していなかった。

## 2　高校がなくなることは町の未来がなくなることだ

### ●だれかのために学ぶアフリカの子どもたち

中村純二は津和野に高校魅力化CNとして赴任する前に教員をしていた。埼玉県で非常勤の教員として小学校と中学校に勤め、2008年度には東京都の小学校に正規の教員として採用され1年間勤務した。

中村には小学校の教師を経験することでわからなくなってしまったことがあった。それは教師というものの役割だった。そもそも日本の教育はこのやり方で良いのか。教師の役割ってほんとうは何なのか。子どもたちに何を教えるのが教師なのか。それらを海外の途上国の教育現場でもう一度見直したかった。

中村は小学校を辞め海外協力隊でアフリカのマダガスカルへ行くことにした。そのマダガスカルで中村は大きな発見をした。

現地の子どもたちの学びの動機が日本の子どもたちとは明らかに違うのだ。中村がマダガスカルの子どもたちに「何のために学びたいか」とたずねると、返ってくるのは「医者になりたい」とか「家族を幸せにしたい」とかいった答えだった。もちろん何かを知りたいというような好奇心から学びたいと言う子もいるのだが、ひとのために学ぶ、だれかを幸せにしたいという動機で学んでいる子が多い印象を受けた。

中村はそのとき、これは意外に重要なことなのではないかと思った。自分のために学ぶというのもあって良いが、だれかのために学ぶ、だれかを幸せにするために学ぶというきっかけが持てるような機会がもう少し日本の子どもたちにあっても良いのではないか、と。

**中村** そうであるためには学校が閉鎖的なものであってはだめじゃないかと気づきました。教員時代に、保護者のクレームへの配慮や過剰なゼロリスクマネジメントで、地域社会との壁を高くして閉鎖的な方に進んでいると感じていました。学校が閉鎖的であると目の前で困っているひとやリアルな問題に出合わない。そうすると強い学びの意欲というものは生まれてこないのじゃないかと思いました。学びの意欲は、ほかと比較して優位感を感じたり、褒められるための点数では弱いんですよ。良い会社に入って、お金を稼ぎたい、とかでは。学びの意欲につながる強い目的意識は自分の中から湧き出てくるという思いを持ちました。

まとめれば重要なのは学校と社会がつながっていること。つまり学校の外で子どもたちが困っているひとに出会ったり地域の課題に出合ったりできることが重要なのではないかと改めて認識して中村はアフリカから帰ってきた。その中村には津和野の水害復旧ボランティアに参加した生徒たちがそれまで閉ざされていた津和野高校と地域との壁を一気に突き崩したように感じられたのだ。

## ●高校がなくなることは町の未来がなくなることだ

話は中村が寮の生徒たちと水害復旧ボランティアに行ったときから半年ほど遡る。その頃マダガスカルから帰国した中村は海外の大学院で開発学を勉強しようと準備を進めていた。だが、日本に帰国してから教育の問題をいろいろと考えたり改革を実践してきたりしてきた仲間に話を聞いてみると、日本の教育の状況は中村が日本を出た頃と何も変わっておらず、部分的にはむしろ悪くなっているところもあるようだった。そういう部分をそのままにしてまた海外に出るというのはどうか。そういう気持ちも出てきて、後ろ髪を引かれるような思いで留学の準備を進めていた。

そこに教育改革を進めていた仲間から具体的に島根県の津和野町に非常勤職員として勤務してくれないかという話が来た。

**中村**　最初は島根県なんて行ったこともないし、現実感もなかったので断っていたのですが、「津和野町の行政職員が東京に来た際に一度だけ会ってくれないか」と頼まれて会ってみました。すると思っていた以上に困難な状況に置かれている津和野町の教育の実態を話してくれたのです。そこには非常な緊迫感があるのも伝わってきました。「高校がなくなりそうなんです。高校がなくなることは町の未来がなくなることなんです」10年以上前のことですが、その言葉だけはいまもはっきり覚えていますね。その言葉を聞いて、「あ、自分という存在を求めている場所があるんだ」そう思うと同時に、「自分が力になってあげられることがあるかもしれない」そう思いました。

その職員は津和野高校支援担当の宮内秀和と名乗った。宮内が語ったのは津和野高校統廃合の危機だった。

宮内はいま津和野町の「つわの暮らし推進課」という部署の課長をしている。当時は津和野高校魅力化事業の担当者として津和野高校を統廃合の危機から救うのに必死だった。

当時、津和野高校は一学年42人を下回ると学級減になると言われていた。県では学校統廃合の議論が進められていて、津和野高校は1学年80人定員で40人学級が2つある形だったが、ずっと定員割れが続き、中村が最初にCＮとして赴任した２０１３年の1年生は55人しかいなかった。それがもし42人を下回ったら学級減で一クラスになる。そうなって1学年1クラスの高校になったら隣の高校の方に合併するのではないかと存続を危ぶむ声も少なからずあった。だからその頃はこの42人という数字が絶対に下回ってはいけない数字として共通の認識となっていたのだ。

## ●魅力的な高校をつくりたい。だから力を貸してくれ

隣町の高校は、もともと定員40人の1学年1クラスの小規模な高校だから統廃合するならこの高校を津和野高校といっしょにして津和野高校を残せば良いという議論もあったのだが、津和野町にはJRが通っているのでほかの地域の高校にも通いやすい。だから隣町の高校は残り津和野高校が廃校になる。そうなったら津和野の未来はなくなる。だからなんとかしたい。宮内は中村に熱く胸の内を語った。だが宮内にも津和野高校を廃校の危機から救うために何をしたら良いか、具体的に考えがあるわけではなかった。

**中村**　津和野高校を廃校の危機から救いたいという熱い思いは伝わってきましたが、宮内さんも「じゃ、どうすれば良いか」という具体的なイメージはお持ちではなかったですね。とにかく高校がなくなりそうだと。高校がなくなるということは町のエネルギーもなくなることなん

だと。だから魅力的な高校をつくりたいと。だからそれに力を貸してくれという感じで、じゃ、何をどうすれば良いかという課題と解決策の話になると、急に口が重くなりまだはっきりしていない感じでした。

中村は東京・渋谷で宮内と会った。最初は所詮他人事という感じで聞いていた中村だが、だんだん宮内の「困り感」が半端じゃないことに気づいた。「困っているんです。協力してください」と繰り返す宮内を見ていると、これだけ必死に町のことを考え、中村を必要としてくれているひとがいるんだなと感じて、気持ちが動いた。後から聞くと、とにかくあのとき宮内は絶対に中村を津和野町に連れて帰ると決めていたと言う。もちろん教育というテーマも中村にとって興味があったが、やはり宮内の津和野町に対する熱い思いが中村を動かしたのだ。

**中村**　津和野町の行政のキーになるところにたまたまそういう熱いひとがいた。ぼくもけっこう熱いですが、その後に集まってきたひとたちもかなり熱い。だから行政の側もさらに熱い気持ちを持たないとやっていけない。そういう相乗効果があって、この十年の津和野町の結果があるのではないでしょうか。いまから思うと、宮内さんの熱い言葉につい引き込まれてしまったのが、すべての始まりでした。

これだけ熱く中村を誘った宮内だが、中村がCNとして津和野に来た2013年4月には高校魅力化事業が町長付に移動すると同時に宮内は担当をはずれ、後任として村上剛士という男が就いた。この男もまた現状に危機感を持ち、理想や想いに共感して伴走できる、珍しいタイプの男だった。しかも二、三度酒席をともにするうちに中村と村上剛士は同い年であることがわかり、すっかり意気投合した。

**中村**　いまから考えると村上剛士が担当でいっしょに走ってくれたからCNによる津和野高校魅力化事業は立ち上げがうまくいったのだと思います。最初の1年目は学校にはキーマンとなってぼくに共感してくれる宮島教頭先生がいた。町役場には村上という窓口がいて、ぼくと本音でしゃべって、悩みや愚痴も親身になって受け止めてくれた。まだビジョンやアイディアだけ持っていたぼくに、2人はやり方や進め方を教えてくれました。そしてぼくが少しでも動きやすくなるように、学校と行政という各々の現場で取り持ってくれました。

## ●初めての津和野訪問は呆れることばかり

こうして津和野高校で魅力化コーディネーターをやることに決めた中村だったが、1カ月後に津和野町を訪問し、愕然とする。それは宮内に会ってまだ一月も経たない2013（平成25）年3月のことだった。

訪れた中村を待っていたのは宮内の熱さとは正反対の冷たい空気だった。初日は前年にインターンとして津和野に入っていた学生に津和野の街を案内してもらい、夜は町長と宮内そして案内してくれた学生といっしょに鍋をつついた。東京から来たばかりの中村を町長も歓迎していて、元気な津和野高校を取り戻すことを依頼しているのだから、高校も町もいっしょに動き出すだろう。宮内の熱量は町と高校も同じだと考えていた。

中村がそう思ったのは当然だろう。

中村が「考えが甘かった」と思ったのはつぎの日に津和野高校を訪れ当時の校長に会ったときだった。

**中村**　校長の言葉からほんとうにまだ何も始まっていないんだということがわかりました。校長の言葉には東京で宮内さんから聞いたほどの熱さは感じられなかったからです。「コーディネーターの配置は前から行政にお願いしてきた」「このままでは統廃合の可能性もある。何かやらなきゃいけないけど、何もできていない」「どんな高校をつくるのかも定まっていない」「より強い行政の支援と理解が必要だ」「君のようなひとが来てくれるのは大歓迎だ」などと話題は続きましたが、どこか他人事のような印象を受けました。もっと言えば統廃合されるのはある意味仕方がないというようなニュアンスさえ感じられたのです。

校長の話は3時間も続いた。中村は次第に校長の真意がわからなくなってきた。自分を誘っているのか。あるいは品定めしているのか。でなければただの世間話なのか。この時間の意味がわからず中村はもどかしささえ感じてきた。東京で会った宮内の熱さとはあまりに違う気がしたからだ。確かに宮内も「何も決まっていないし何をしたら良いかもわからない」と言ったが、そこには校長の言葉から感じたような曖昧さは皆無だった。

宮内は直情型なので、ありのままを語るし、津和野高校の現状を率直に示し「力を貸してほしい」と中村に懇願した。それで中村もつい共感して気持ちを乗せてしまう感じになったのだ。宮内からは自分が言ったことに対する責任感の強さが感じられた。口にした以上は覚悟を決めていて、うまくいかなかったときの責任も中村といっしょに取ってくれるだろう。そう信じられた。

そういう宮内の熱さに安易に共感して津和野町を訪問し抜き差しならないところまで来てしまった自分を責めた中村だったが、もう後戻りはできなかった。

「1年だけ。思い切ってやってやろうじゃないか」

校長室を後にしたとき中村は、自暴自棄にも似た覚悟が自分を奮い立たせているのを感じていた。

## 3　津和野高校魅力化コーディネーターがやってきた

### ●生気のない「津高生」

中村純二が津和野町にCNとして赴任する前に持っていた問題意識をここでもう一度まとめてみるとこうなる。

中村は実際に教員をやった経験から、まず日本の学校が閉鎖的で社会に向けて開かれていないという問題意識を持っていた。学校にはリスクを避けたいという過度の意識がはたらいていて、子どもたちにチャレンジさせることができなかったり、ゼロリスクを追及するあまり教員の業務量が多すぎたりといった問題があると感じていた。

そういう中で教育とは何なのか、教師はどうあるべきかと自問した中村は、一旦教員をやめてアフリカに行ってみた。そして、やはり「学校と社会はつながっていなければいけない」という確信を得て津和野町にCNとしてやってきたのだった。

高校魅力化CNとして初めて津和野高校の始業式に参加した中村は、生徒たちを見てどう感じたのか。

**中村**　言葉を選ばずに言うと「津和野高校の生徒には生気がないなあ」と思いました。下を向いている生徒が多いし、いたずらや悪ふざけもなく、静かで暗い感じで、なんというか子どもたちからエネルギーを感じなかった。それが始業式で初めて会ったときの感想です。その後話を聞いていくと、その原因のひとつとして子どもたちの数が少ないと先生の目が行き届きすぎてしまうという実態があるようでした。特に思春期の世代の子どもというのは先生の目が行き届かないくらいがちょうど良くて。あまり行き届きすぎてしまうと小さないたずらのようなものまで見つかってしまうし、ボーッとしていることも許されない。ケンカする前や悪さをする前に見つかる。起きる前に未然に止められてしまうと、欲求が解消されない。ほんとうは知らないのに知ってるつもり、わかったつもりにもなってしまう。本来はそこに思春期の想像力や好奇心が隠されているような気がするんですけどね。それは後になってぼくも実感しました。

## ●「高校魅力化事業」とは

ここで中村が高校魅力化コーディネーター（CN）として津和野高校に配置されるきっかけとなった「高校魅力化事業」について簡単に説明しておこう。

そもそものきっかけは島根県の離島、隠岐の島にある島根県立隠岐島前高校《おきどうぜんこうこう》が廃校の危機を

ＣＮの配置で乗り切ったことだった。それを島根県が都市部以外の中山間部の高校に広げようと事業化した。スタートは２０１１（平成23）年。２０１９（令和元）年まで３期９年にわたって展開された。正式名称は「離島・中山間地域の高校魅力化活性化事業」。これに津和野高校も手を挙げたが、第１期、つまり２０１１（平成23）年から２０１３（平成25）年までは魅力化事業といっても何をしたら良いのかわからない状態が続いた。他校も同様で備品を買ったりしてお茶を濁しているところもあった。ところが第１期の最後の年を迎えるあたりから、「やはりひとを入れないとダメだ」という意識が徐々に芽生えてきた。

これは教育現場へのＣＮ配置だけでなく、いろいろな行政の現場で、一種の「ＣＮ待望論」のようなものが生まれてきたことに由来する。つまり縦割りの行政が壁になってうまく機能しない場所にひと（これがＣＮだが）を入れて横につなぐ役割をさせるとうまくいく。そういう一種のブームのようなものが起こった。津和野町の宮内が中村を東京・渋谷で「コーディネーターとして津和野に来てくれ」と掻き口説いたのも、こうした流れがあってのことだった。

## ●コーディネーターって何だ？　現場に戸惑いが

こうして２０１３（平成25）年４月、中村純二が高校魅力化コーディネーターとして正式に津和野高校に配置された。

だが、受け入れた津和野高校の教師たちは戸惑いを隠せなかった。津和野高校が統廃合の対象になるかもしれないということは教師たちにもわかっていた。それを回避するために魅力化事業が始まったのも知っていた。だが、何をするのかはっきりしないまま実際に中村がCNとして入ってくると、どう受け入れたら良いのかわからないようだった。

こうした教師たちの戸惑いはときに中村への過度な反発としてあらわれることもあった。

**中村**　魅力化事業に関わる関係者が、トップの意向のもとに一枚岩になっているわけではないので、ぼくが提案したことを納得してくれたり理解してくれたりするひとと反発してくるひとの差がすごかった。ぼく自身の立ち位置も曖昧で、アドバイザー的なポジションなのか、支援員さんみたいな組織の下に組み込まれたポジションなのかわからない。みんな手探りの状態だったのです。

学校では校長・教頭の管理職以外の教師は基本的に並列の立場になる。これは鍋の蓋のような構図に見えるので、よくピラミッド型に対して鍋蓋型と呼ばれることがある。このような組織では中間管理職のポジションが教頭しかいないので、1対教員多数の形になり、マネジメントが必然的に難しくなるのだ。並列の立場の教師たちも多数派になると発言力が強くなりがちだ。校長が学校運営に関してある方向性を示しても、教員の半数が違う方向を目指していると主張すれば、教頭も校長も無視できない。

後に中村が中学校の説明会でのプレゼンの仕方を教師たちに説明したとき、「津和野高校はこんな高校じゃない」と言って席を立った先生の話が出てくる。この場合も中村は一応管理職に内容の了承をとって先生方にプレゼンしているので、普通なら上の判断に従う気がするが、そうはならない場合も少なくない。学校現場は上司である校長や教頭の意向が部下に反映され辛い組織だとそのとき中村は思い知った。

戸惑いやCNに対する認識のズレは教師たちだけではなく町の職員にもあった。

中村は先にも触れたように、最初に町長と会食したとき「力を貸して欲しい」と前向きな話をされていたので、てっきり自分がアドバイザー的な立場から、それなりに行政に対して発言権があるように思っていた。ところがそれはまったくの誤解だった。それがわかったのは、当時できたばかりの高校魅力化を担当する部署の管理職と話しているときのことだった。

当時、津和野高校魅力化事業の直接の町側担当者として中村と関わることの多かった村上は、中村から頼まれて管理職との話し合いの場をセッティングしたのだった。

**村上剛士**　まず「あれっ」と思ったのは中村さんが最初から対等な立場で話し始めたことです。

私も含め高校魅力化コーディネーターは管理職の管理下にいる課員のひとりであって、さまざまな課内の課題や計画を実施する実践者です。管理職は課員からあがってきた課題を課内で整理して、部下に指示を出します。その部下であるはずの中村さんから、いきなり対等な立場で真正面からまくし立てられたので、みるみる機嫌が悪くなっていくのがわかりました。これはマズイと思いましたが、もう遅かった。

中村は自分がアドバイザー的な立場にいると認識しており、管理職とは対等な立場で意見交換ができると考えていた。だから中村は「高校魅力化事業のゴールイメージが明確でないこと」と「それを決めていく役割や権限が自分にはないので、物事を決めていくスピード感が出ないこと」に言及し、さらには「あなたはこの事業を通して、どういう世界の実現を目指しているんですか？」とまで管理職を問い詰めた。

**中村**　少なくとも東京からわざわざ行政職員に懇願されて僻地まで来て、行政組織の課員のひとりにすぎないとは想像もしなかったです。あの頃は行政としての想いやサポート体制も感じられなかったんです。だから担当の村上では話がまとまらないので管理職と話をさせてくれ、とお願いしたんです。その上、普通はこういうゴールを目指したいから、この役割でこの業務を実施してほしい、と依頼するはずです。でも何も決まってないけど何かやってください、できる限り、支援はすると思います。そう言われた側は、たまったもんじゃなかったんです。ぼくも徐々にヒートアップしてきて生意気な口のきき方だったかもしれませんが、ぼくにだって津和野まで来てしまった以上、はっきりさせたいことがあった。「魅力化事業の事業としてのゴールも、それを実現させるための業務も定まってない中で、何をどうやって進めるんですか！津和野町はいったいどこを目指しているんですか！」って言いたかったのです。

## ●津和野での生活自体もなかなかきつかった

行政の組織では、契約した役職・待遇に応じて立場が判断されることもある。急に移住と転職が決まった中村にとっては、そのあたりの条件面や役割を詰めて話す時間が絶対的に不足していた。宮内の半端ない困り感や郷土愛の熱量に反応してしまい、ある意味、勢いで参加してしまったところは大いに反省すべきだったといま中村は考えている。

中村は職員室に席をつくってもらい、そこに毎日出勤した。朝礼にも出たし、帰るのも教師たちと同じように生徒が下校する18時以降だった。

最初の1年を振り返ると津和野での生活自体もなかなかきつかったと中村は思う。最初は車もなかったので自転車で移動したり買い物に行ったりしていた。住居は町の雇用を安定させる目的で建てられ、元々公社が運営していた建物を町に移管された5階建て2棟からなる町営アパートだった。エレベーターがなく団地のようなイメージの建物で「雇用促進住宅」という名前がついていた。町内には賃貸住宅が少なく中村のように津和野町に移住してきたひとは、まずそこに住むことを勧められる。

**中村**　町が管理する建物なので、手続きや調整が楽だったんだと思います。家賃は月額2万1000円だったかな。家賃は、事業の活動費から捻出されていましたが、この住宅は部屋では携帯電話の電波が入りにくく、ぼくの使っていたソフトバンクの携帯は特に入りにくかったのでベランダに置いて、冬でもベランダに出て電話していました。ほんとうに1年目はお金もなかったです。都会の初任給よりも少なかった上に、東京にも帰ったりしたので、よく村上剛士やほかの職員さんにお金を借りたりしました。飲み代がないのを見かねた地域の方に奢ってもらったこともありました。東京へは14時間の深夜バスが一番安かったのでよくそれに乗って行っていました。

中村はアフリカの経験で鍛えられ、ものがないことへの順応はそれなりにできたのだが、もっときつかったのは、「職場の環境・関係者の意識の差」だった。

**中村**　学校内でも管理職はぼくを守ってくれる側になりますが、鍋蓋型と言われる教員組織は先生方の発言権も意外と大きくなります。いままでと同じように国立大に何人出すかをひとつの評価軸にして教育をしてきた先生方からすると、偏差値以外にも評価軸があり、必要な学びがあるなんて言っているぼくなんかは厄介な人間でしかないんですよね。管理職もぼくと先生とのバランスを見ながらのサポートなので、たまに先生の肩も持ったりしてましたね。

後はだれが意思決定の権限を持っているかがわかりにくいことも問題だった。行政と学校、そして地域と共同で動かすプロジェクトが多いので、それぞれ違う意思決定プロセスを十分把握して動かないとプロジェクトはスタート前に頓挫してしまう。

**村上**　そのあたりが中村さんは最初、まったくわかってなかった。行政はとにかく下から積み上げていくことが重要だし、学校も先生方とうまく話し合って、先生の口から提案してもらう方が結局は早い。そのあたりを率直に話しているうちに、次第に本音でやりとりできるようになりました。

**中村**　そのあたりの立ち位置や進め方の違いを肌で理解するのに、少し時間がかかりました。

学校では直接校長に話せましたが、校長が良いと言っても進みませんし、反対に行政は町長が良いと言えば進みますが、町長には担当を飛ばして直接話しに行くことは許されません。2年目以降、曖昧な自分の立場を利用して、行政の顔で話したり、学校の顔で話したりをうまく使い分けながら、プロジェクト全体をスムーズに進めるやり方が段々わかってきましたが。そういう意味でも窓口になってくれる役場職員の村上と宮島教頭の存在はとてもありがたかったです。何でも相談できたし、自分の意見がどういう反応になるか、調節するために壁打ちがてらにまず2人がどう感じるか、意見をぶつけてみるようなこともしていました。

## 4　魅力化コーディネーターは「チームの一員」

### ●CNはいっしょにスクラムを組む仲間

中村にとって最初の1年は、仕事をするための土台づくり・関係性づくりの1年間だった。教師や行政の職員たちとのやりとりを通じて、津和野高校に初めて導入された「高校魅力化コーディネーター」の立ち位置がコンサル的なものではなく、課題の解決に向けていっしょにスクラムを組むチームの1人なんだと、中村にも自分の立ち位置が理解できてきた。むしろそういう位置に立つと周囲をうまく動かすことできるとわかったと言った方が良いのかもしれない。それを教えてくれたのが宮島教頭であり村上であった。

プロ野球にたとえれば新しくチームに入ってきた外国人助っ人選手みたいなイメージかもしれないと中村は思った。ただ自分の考えを述べ、コーチや監督たち（学校管理職）とも議論を交わし、球団フロント（行政）とも調整を行うことを考えると、ただの選手を超えた存在であるとも思えた。いずれにしろ自分の価値は、やはり「つなぐこと・つむぐこと」で生まれるんだと中村は強く思った。

**中村**　関係性をつくり、チームの一員になるためには、時間もかかりますし、いっしょに作業したり、壁を乗り越えたりする共通体験も必要だと思います。1年目は多くの学びの機会を創出してきましたが、同時に自分の役割や立ち位置を理解し、事業の方向性と目標値、さらには先生方を始め地域住民や行政職員との関係性をつくるための土台となる1年だったように思います。経験値となる失敗は数えきれないほどした気がします。

## ●困っていることがあれば何でも引き受ける

このように魅力化CNを配置したのは良いが、CNに何をやらせたら良いのか現場の学校も、採用した行政の方もわからない状況だった。そのため津和野に初めて赴任した年の4月、5月は、中村自らゴールを設定し、行政に対して具体的な獲得目標をつくってあげなければいけない立場に置かれることになった。

そんな中で中村がまず始めたのは教師たちが困っていることを見つけ、それを手伝うことだった。周りの教師たちに困っていることがあれば、何でも手伝うと声をかけて回ると、少しずつ反応があった。

**中村**　先生方には「何でもやりますよ」と公言していたので、先生方からも「ホームルームの時間にアフリカの話をしてくれないか」という声がかかることがあったりしました。またぼくは津和野のことを当初は何も知らなかったので、津和野のことを知るためにいろんなひとに会いに行ったりもしました。学校にずっといなければいけないという立場でもなかったので、かなり自由に動き回っていたという感じです。

最初の1週間がすぎたあたりから中村はあることに気づいた。どうやら教師たちにとって「情報発信」の業務が負担になっているようなのだ。

たとえば『学校案内』の作成だ。生徒の募集の基本となるツールが『学校案内』だが、この作成がけっこう教師たちには負担と感じられていることがわかった。そこで中村は『学校案内』作成を引き受けることにした。

また地域の中学校を訪問して学校紹介のプレゼンをするのも手伝った。それまでは町内に10カ所ぐらいある中学校を教師たちが手分けして回っていたのだが、それに中村がついていきプレゼンの手伝いをすることにした。プレゼンの資料もパワーポイントで中村がつくった。

## ●「こんな高校じゃない」と席を立つ先生も

プレゼンの資料づくりを手伝う際には中村には忘れられない「事件」が起きた。

中村が以前の中学生向けのプレゼン資料を見ると、あまり内容が濃くない。特にいわゆる「キャリア教育」への言及が薄いと考えた。キャリア教育とは、生徒が将来なりたい自分の像を確立し、それに向けていま何が必要かを考えさせる教育のことだ。そこでもう少し具体的に「津和野高校はこんなキャリア教育も目指します」という内容を付け加えようとした。でき上がったプレゼン資料を教師たちに見てもらうと、

「津和野高校はこんな高校じゃない」

そう言って途中で席を立つ先生があらわれたのだ。

**中村**　当時津和野高校では、キャリア教育、つまり生徒にとっていま必要なものは何かを考えさせるような教育よりも国公立大学に行ける学力を身につけさせる教育の方が重要だと考えら

れていたということです。だからキャリア教育のような「無駄な時間」を極力削って勉強させることが重要だという価値観を持たれている先生からすると「何を言っているんだ。勉強をした方が良いんだ」となりますね。それで席を立たれた。ただそういう先生もいたということで、全員がそういうわけではなかった。ぼくもそこまで的外れな資料をつくったわけではないので、最終的には「ああ、こんな感じで良いんじゃない」と落ち着いたんですがね。とはいえぼくにとってはけっこうショッキングな出来事ではあって、席を立たれていく光景をいまでも鮮明に覚えています。

## ●入学前と後でイメージにギャップが

『学校案内』やプレゼン資料をつくりながら中村には少しずつ見えてくるものがあった。情報発信といっても津和野高校の何を発信すれば良いのか。それが実に曖昧だと感じたのだ。そこでまずは新入生が津和野高校に対してどんなイメージを持っているのか、アンケートとヒアリング調査をしてみた。その結果は中村を驚かせた。

**中村**　新入生たちは津和野高校に対して入学前は「きつい」「こわい」「きびしい」という「3K」のイメージを持っていた。これはあきらかにマイナスのイメージです。しかし実際に入学後、この「3Kイメージ」がどうなったかというと、「それほどでもなかった」という答えが多く、津和野高校に対してプラスイメージを持つ生徒がぐんと増えました。

つまり津和野高校への入学者が減った背景には、津和野町内の中学生の持つ津和野高校のイメージが実際の津和野高校から乖離していたということがあるのではないか。だから町内の中学生が持つ「勉強がきつい」「先輩が怖い」「先生が厳しい」というイメージを打ち壊せば、入学希望者も増え定員割れも防げるのではないかと考えました。

## ●中村が行ったアンケート結果

中村がやった新入生を対象としたアンケート調査で注目されるのは、以下の点だ。

入学前のマイナスイメージでは「勉強ばっかり、テストや課題が多い」が16人、「真面目、堅い、暗い、校則が厳しい」「先輩が怖い」が各5人。これが入学後になると「勉強ばかりではない、指導が少人数で手厚い」、「そんなに堅くない&厳しくない、少人数で仲良く元気」が各10人、「先輩が優しい」が5人と、ほぼ正反対の結果になった。

また津和野高校に対してマイナスイメージを持っている割合は、入学前57・4%と半数以上の生徒がマイナスイメージを持っていたのに対して、入学後もマイナスイメージを持っている生徒の割合は25・4%と4分の1ほどに激減することがわかった。

進学校として勉強ばかりさせられ、先生に厳しく管理されたうえ、怖い先輩も待っている。それが進学前の多くの生徒が津和野高校に持っているイメージであり、それが嫌だと感じる地元の中学生が津和野の高校への進学を躊躇している。

そう中村は結論づけた。後はそのマイナスイメージを壊してやれば良い。中村はそう考えたのだ。しかし、長い時間がつくり上げた津和野高校のイメージを実際に崩そうとしても、それは容易なことではなかった。

## 5　学校の中身を変えなくちゃだめだ

### ●情報発信はお化粧するようなもの

新入生が抱えて入学してくる津和野高校のイメージと実際とのギャップに気づいた中村は、対外的な情報発信を教師たちに代わって積極的に担っていく中で感じたことがあった。

**中村**　ＣＮとして津和野高校に来て最初の３カ月ほどは学校案内や中学校向けのプレゼン資料の作成など情報発信のお手伝いをしてみました。それ自体はある程度先生方からも評価をいただいたのですが、つぎは何をすれば良いかと探すとなかなかこれといったものが見つかりませんでした。情報発信というのはお化粧をしているようなもので、中身をつくっているわけではありません。つまり学校の中身が変わらないことには発信する情報も本質的には変えようがないのです。

いくら津和野高校というブランドを磨き上げて情報発信しても、中身は地元の中学生に「勉強がきつい」「先生が厳しい」「先輩が怖い」という「3Kイメージ」を持たせる体質のままだ。これから自分がやることは外側を磨くことではなくて中身をつくっていくことなのだと中村は気づいた。

だがそれを実現するにはCNが直接、生徒たちと関わる機会が必要だ。だが学校は年度単位で動いており、途中から新しいプロジェクトを動かすのは容易なことではなかった。

そこで中村が最初に目をつけたのは生徒会だった。学校案内の作成を引き受けた際も生徒会に手伝ってもらったりした。ただ生徒会を担っている生徒たちも、部活に入っていることも多く、中村の思うようには動きづらいという面もあった。また、それまでの生徒会の活動ボリュームを一気に増やそうとすると教師たちも良い顔をしない。

つぎに中村が目をつけたのは、部活に入っていない、いわゆる「帰宅部」の生徒や、すでに就職が決まり部活を引退した生徒だった。中村は「津高夢恋プロジェクト」と名づけてプロジェクトをつぎつぎと立ち上げ、彼らに参加を呼びかけた。

## ●「すてきな駅舎プロジェクト」で地域とのきずなが太くなる

最初は英語に興味のある女子生徒を集めて英語を勉強させ、津和野に来る外国人観光客にガイドをする活動を立ち上げてみた。だがいまひとつ盛り上がりに欠けた。

津和野水害が起きたのは、そんな頃だった。最大60人の津和野高校の生徒たちが復旧ボランティアに参加し、津和野町のひとたちから感謝の言葉を浴び、町民の「津高生」を見る目は変わりつつあった。津和野高校を地域に開かれた学校に変えるには絶好のチャンスだった。

「このチャンスを逃してはいけない」

中村はそう思った。津和野水害で大きな被害を受けたＪＲ山口線は完全復旧するのに1年以上かかった。その結果、町の玄関口であったＪＲ津和野駅から町民の足が遠のいた。使わなくなった駅舎にはたちまち蜘蛛の巣がはり、荒れた感じになってしまう。それを生徒たちの手でなんとかできないか。生徒たちが地域に出て、町のひとたちの意見を聞き、そこから地域の課題を見つける。そして地域の課題を解決するために何ができるかを考え、アイディアをまとめて実行する。これがいわゆるプロジェクト型学習の基本だが、それを使われなくなった津和野駅を対象にやってみたらどうか。中村はすぐに企画書を書き上げた。題して「すてきな駅舎プロジェクト」。

「すてきな駅舎プロジェクト」企画書

２０１３年８月19日

「すてきな駅舎プロジェクト」は津和野高校の魅力化を目指す「津高夢恋プロジェクト」の一環として、有志生徒が「自分たちが感じた課題に対して行動し、解決する」ことを目指して行われるプロジェクトです。今回、町のシンボルとして高校生が毎日使用する津和野駅が集中豪雨による被害により不通になったことを受け、汽車がまた駅にやって来るまで駅に注目を集め、その灯りをともし続けるために「すてきな駅にする」ことをテーマに実施します。

そしてこの未来を良くするための問題解決の行動を通して〝自分にも未来を変えられる〟という想いを子どもたちが持ち、目の前に広がる無限の可能性を更に広げていくことを目的としています。

「すてきな駅舎プロジェクト」は9月中旬までの1カ月に10回ほどの活動を想定した。就職がほぼ決まった3年生が3名参加し、現場訪問や関係者のインタビューを行った。結果「蜘蛛の巣だらけになっていた駅舎をどうにかしよう」という課題に対して出てきたアイディアは待合室の改善だった。待合室に伝言掲示板を置いてメモを貼ってそれをきっかけに町のひとが交流する場とする。椅子の配置を変えてひとが集まりやすくする。ひとが来ないので蜘蛛の巣だらけになったのだから、なんとか駅舎にひとを集めようという発想だ。

**中村**　11月には「すてきな駅舎プロジェクト」の第2弾として「駅のステージ」をやりました。水害で線路が流され、電車とひとがこなくなった津和野駅のホームを舞台にして町民60人が参加して、合唱や吹奏楽などのコンサートを開きました。司会は中心となった3人の3年生が行い、その内1人はこの日のために作詞作曲した「ふるさとの唄」を歌ってくれました。早期復興への願いと町民への応援の2つを目的にした大きなイベントを津和野高校の生徒の力で実現したのです。

「駅のステージ」は、第1弾の「待合室の改善」より「絵になる」ことから、メディアにも多く取り上げられた。この「すてきな駅舎プロジェクト」を通して7月の水害復旧ボランティアで培われた津和野町民の「津高生」への信頼感はさらに強いものになり、津高生と町民のきずなは、従来にくらべ、より太いものになっていった。

## ●「わからないからやらない」のではなく「とにかくやってみる」

中村が「すてきな駅舎プロジェクト」を提案することで津高生と町民との関係が新たな局面を迎えたが、一方、水害で2回のうち1回が中止になったオープンスクールのコンセプトについての議論は、中学生たちに津和野高校の何を見せるのかを巡って紛糾した。

中村は授業だけでなく、8月の文化祭で生徒たちが見せた「ノリの良さ」も見せたくて、簡単な劇のようなものでそれを表現しようと提案した。

**中村**　その理由は8月にやった文化祭が生徒たちの子どもらしい良い面を表現していたからです。冗談も言うし、ふざけるし、ギャグもやるしコントもやる。4月の始業式でぼくが感じた生気のなさとは対照的な姿だった。ぼくは新入生にアンケートをして入学前と入学後で生徒たちが持つ津和野高校のイメージに大きなギャップがあることを知っていましたから、こういう生徒たちの姿を中学生に見せるのは津和野高校に興味を持ってもらううえで大きな効果があると思っていました。

しかし教師たちからは猛然と反対の声が上がった。それはいままでくすぶっていた中村への反発が一気に吹き出したかのようだった。

「そんな時間が取れるのか」「どうしてわざわざそんな劇をするのか」「だれがやるのか。手伝いはどうするのか」「いままでのように授業と部活を見せれば十分だろう」

議論が平行線をたどり始めた頃、宮島教頭がつぎのように発言した。

「理解できないからやらないという結論を選ぶのではなく、とにかくやるだけやってみましょう。最終的に責任は私が取るから」

教頭のこの言葉にこれ以上反対意見を述べる教師はいなかった。中村にとってこのときの宮島教頭の言葉はほんとうにありがたかった。

**宮島**　中村さんの提案には私も大賛成でした。それまで中学生を対象にしたオープンスクールと言えば、津和野高校がいかに大学受験に力を入れているか、それをアピールするばかりでした。そうしたイメージが入学者数の低下を招いているのは、中村さんがやったアンケートからも明らかでしたし、私自身もそう感じていました。「津高生」の実際の姿を見せる寸劇はぜひ実現させたかった。

## ●地域がざわついたクリアファイル「一生幸せにするから」

子どもたちの寸劇を巡る議論には想像を超えるオチがあった。寸劇を実行に移す段階になったとき、当時の校長が「私がやる」と宣言。台本も全部自分で書いて生徒への演技指導まですることになった。

**中村**　当時の校長は島根県でも有名な演劇の先生ですから。「先生、そこまで凝りますか？」と言いたくなるような入れ込み方でした。生徒たちもびっくりですよ。生徒たちが引くぐらい校長先生は熱くなっていましたね。

初対面のときこそあまり良い印象を持てなかった校長だったが、CNとなってからは何かと中村の行動を見守り、支援してくれるようになった。中村も校長を誤解していたことに気づき、校長からの提案を受け入れ、実行していくことになる。

このときも劇自体は校長に任せてオープンスクールの開催告知のチラシを手元に長く持ってもらえるようにクリアファイルに変えて配布するアイディアを準備した。通常のチラシではすぐに捨てられるので、捨てられないようにクリアファイルを目立つものにと考えた。そこで思いついたのが、2013年当時、流行（はや）り始めていたLINEのスタンプ形式でメッセージを入れることだった。

**中村**　表を見ると日付があって「今度の10月19日暇？　付き合ってくれない？」「え？　なんでなんで？」「どこ行くの？」というメッセージのやり取りの最後に当時流行っていた「今でしょ！」を「津高でしょ！」と校長の絵をスタンプがわりに乗せたLINEのクリアファイルでした。そして裏には「一生幸せにするから」というメッセージを書きました。この言葉で「津和野高校のキャリア教育で学んだことは本人の身になるよ」というメッセージを伝えたかったのです。

前述の中学校でのプレゼン進路説明会が話題を呼び、中村の熱い気持ちが詰まったこのクリアファイルによって、益田圏域の保護者の間で「最近の津和野高校はなんか違うね」という噂が立ち始めるようになった。もちろん教師の一部からは「そこまで言い切って良いのか」という声も出たが。

## ●地域に伝わる伝統芸能を野球部が学ぶ

地域のひとたちと「津高生」を結びつけようという中村のアイディアはさらに広がっていった。津和野の弥栄神社《やさかじんじゃ》に400年以上前から伝わる鷺舞《さぎまい》という芸能神事をオフシーズンの野球部に学ばせようという突拍子もないアイディアを出したのも中村である。

鷺舞は京都の八坂神社祇園会が山口へ、山口からさらに津和野へと伝えられたものだ。毎年祇園祭りの7月20日と27日に町内の決められた場所で舞われることになっていた。2013（平成25）年の津和野災害の際には保存会の関係者の自宅に津高生がボランティアとして入ったことで中村は鷺舞保存会の会長の面識を得ており、協力してもらえそうだった。地域のひとたちから学ぶ機会をつくることができたら、さらに地域のひとびとの津高生を見る目も変わり、学校が地域に開かれるきっかけにもなる。中村はそう考えた。

**中村**　しかし実際に鷺舞を習う場をつくろうとすると、生徒を集めるのがけっこうたいへんだということに気づきました。そのとき思いついたのが冬の間シーズンオフの野球部にやらせたらどうかということでした。ぼくは学生時代サッカーをやっていたんで、野球部の顧問とは同じ年齢だったこともあって、すぐに親しくなっていました。そこで相談してみると「冬の間はオフだから週に1回ぐらいで良ければ」と言ってくれて。

こうして過去に甲子園の出場経験を持つ伝統ある津和野高校野球部が、これまた伝統ある鷺舞を学ぶ「鷺舞プロジェクト」がスタートすることになった。この両者が「コラボ」することなど、中村が高校魅力化コーディネーターとして津和野に来なければけっして実現することはなかっただろう。
しかし実際に始めてみると、それは成功からはあまりに遠かった。

**中村**　鷺舞の節は単調でゆっくり、踊りもかなりゆっくりの繰り返しなので、生徒が興味をそそられず、取り組む姿勢もダラダラとしていき、どうしても後ろ向きになってしまいました。仲の良かった野球部の監督は「これも野球に生きる。体幹も鍛えられる」と言ってフォローしてくれたりもしたんですが。生徒も苦笑いしながらいやいや付き合ってくれました。

こんな状態になりながらもひとまず、中村は目標を3月の卒業式前に行われる同窓会入会式で先輩に披露すると定めた。そして4カ月間、保存会のひとたちに練習に来てもらい最後までやり抜いた。4月の入学式でも新入生相手に披露。クオリティはお世辞にも良いとは言えなかったが、その年の入学生はその光景をいまでも覚えているという。また参加した野球部の部員もいまでは中村と会うと笑いながら当時を振り返ってくれる。
鷺舞と言えば宮島には、忘れられない記憶がある。この鷺舞プロジェクトが終わった後、保存会から「お貸ししていた鼓が1つ返却されていない」という連絡が入り肝を冷やした。慌てて探したところ江戸時代から伝わる大事な鼓が次章で触れるＨＡＮ・ＫＯＨの倉庫に転がっていたという。

水害復旧ボランティア、すてきな駅舎プロジェクト、オープンスクールの改革、そしてこの鷺舞と、中村は高校魅力化CNとして確実に実績を積み上げていった。最初は学校に乱入してきた異分子として冷ややかな目で見られがちだった中村も、こうした実績を積み重ねるうちに次第に受け入れられるようになっていった。もちろんそこには多くのひとびとの協力があったことは言うまでもない。

# 第二章　有名進学校から「やりたいことができる高校」へ

## 1　目標は地域の未来を切り拓く人材を育てること

### ●県外の中学校を「営業回り」

最初の年もそろそろ暮れようとしていた２０１３（平成25）年11月になると中村は村上といっしょに県外の中学校にいわゆる「営業回り」をした。営業回りとは資料などを持参して中学校に行き、希望する生徒がいたら津和野高校を受験してくれるようにお願いして回ることだ。

中村が４月から少しでも津和野高校への応募が増えるようにと、つぎつぎと打ち上げてきた企画も、できることはやり尽くし、年内に打てる手はもうなくなったと感じていた。だが村上が「生徒の募集は最後までやり抜きたい」と言うので、どうしたら県外の生徒を獲得できるか、実際に「営業回り」をしてみようということになったのだ。

山口市11校と北九州市27校、計38の中学校を４泊５日で営業回りした。その結果中村は改めて生徒募集の厳しさを実感した。

当時はまだ「地域みらい留学」という言葉はいまのように定着しておらず、他県の高校から何のために生徒を勧誘に来るのか理解してもらえなかった。

こちらから津和野高校の魅力を具体的に説明しないと、話はどんどん「どんな条件の生徒まで受け入れてくれるのか」といった条件交渉の場になってしまう。こちらから先生にお願いするのではなく、子どもたちの方からあの高校に入りたいと思われるような魅力的な高校をつくらねばと中村は思った。

## ●地域の未来を切り拓く人材を育てる

この頃になると中村の中には津和野高校が目指す「魅力的な高校像」が具体的に見えるようになってきていた。それは「地域の未来を切り拓く人材を育てる」高校だった。

中村はこの年の10月頃から宮島教頭、そして町の高校支援担当である村上と議論する機会が増えていた。きっかけは中村が津和野に来る7年ほど前に津和野高校存続を支援するために組織化された「津和野高校後援会」をベースにして、もっと迅速な意思決定機能と予算執行能力を備えたプロジェクトチームをつくろうということだった。

津和野町は町として津和野高校の存続を目標とすると決めたのだが、それを達成するための具体的な取り組みをする組織がなかった。そこで行政、学校、津和野高校後援会からなるプロジェクトチームをつくることにしようというのが3人の考えだった。

**村上**　後援会にはいろいろな価値観を持ったメンバーがいて、スピーディーに動きづらいという面がありました。それをなんとかしようと立場の異なる3人が動き出しました。学校、行政、後援会、それぞれからメンバーを新たに切り出してプロジェクトチームをつくりスピーディーに判断し行動できるようにしました。しかも町の要綱にきちんと位置づけることで、このプロジェクトチームの決定には町も対応をすることになったのです。

その結果、後に詳しく触れることになる町営の英語塾・HAN‐KOHの素早い立ち上げにもつながった。

プロジェクトチームのトップには宮島が就き、中村と村上は宮島とともに、津和野高校をどういう高校にすべきか、さらに議論を深めていった。また東京在住の津和野町出身者からなる「有識者会議」もでき、結果的に中村たちの後押しをしてくれることになった。

**中村**　議論の中心は、どういう高校にしたいのかというゴール像ですね。周囲には進学校としての津和野高校をさらに明確にするという意見もあったし、いやいや津和野高校といえば甲子園だろうと言うひともいた。その中で我々3人の意見は「地域の未来を切り拓く人材を育てる」でした。もちろん「自分自身の未来を切り拓く」力ももちろん重要なので、言い方が難しいのですが、個人の未来と地域の未来が重なり合う部分、そこを目指していくことが魅力化事業では重要なんじゃないかという議論をした覚えがあります。

宮島は以前から津和野の教育を担う人材が不足していると感じていた。またこの地域の夜間医療を担う人材がいなくなってしまっていることには危機感すら覚えていた。

**宮島**　県の中央から数年間だけやってくる腰かけの人材ではなく、地元に根ざした人材を育成したいというのが教員としての私の願いでした。その願いが若い中村さんや村上さんの力でかなうかもしれない。そう思うとワクワクしてきました。

国には国の期待する人材像があるように地域にも期待する人材像があって良いのではないか。それが3人に共通する考え方だった。

たとえば町の課題に関心があるひと、地域社会に関わろうとするひと、さらに地域課題の解決までしようと試行錯誤できるひと、これが地方の小さな田舎町である津和野町がいま必要としている人材だという点で3人の考えが一致した。

これと国や社会が求める人材とが合わさる部分を持つ人材。それこそが「地域の未来を切り拓く人材」であり、津和野高校ではこれを育てていく必要があるのではないかという議論になった。

中村は、こうした議論をしながら豪雨災害のボランティアをした生徒たちの目が活き活きと輝いていたことを思い出した。

**中村**　子どもたちには本質的に地域に貢献したいという欲求がある。ひとのためになることをすると誇らしい気持ちになり、そういうときに光り輝く。じゃどうしてそういうことが学校の中で起こらないのかと思いました。これから自分がやるべきことは、こうした本来子どもたちが持っているものをどんどん伸ばしてやることなのだと気がついた。自分がいまやるべきことは学校に蓋を閉めないでどんどん開いていくような作業なのだと改めて感じたのです。

## ●「総合的な学習の時間」を取り戻す

2013（平成25）年の年末から中村たちは「地域の未来を切り拓く人材を育てる」ためにつぎの手を打った。それは津和野高校のカリキュラムの中に高校魅力化CNが直接関与する授業を組み込むことだった。中村はこの年、CNとしてさまざまなプロジェクトを立ち上げてみたが、単発の打ち上げ花火のような形になってしまい継続性に欠けていた。その反省を踏まえて、中村たちが目をつけたのは「総合的な学習の時間」だった。

「総合的な学習の時間」は高校の3年間で3単位分105時間分（1年間1単位、約35時間）を実施することが学習指導要領で決められていた。だが、中村たちが「総合的な学習の時間」を改革しようと言い出すまで、津和野高校では、進路指導の内容に偏っており、本来のキャリア教育が軽視されていた。

これを見直し、「地域の未来を切り拓く人材を育てる」という目標を達成しようというのが中村たちの考えだった。

しかし、これをこのまま中村が提案すれば多くの教師が反発することは必至だった。これまでは地域との交流など学校の外に向けられていたCNの活動が直接、教育現場に向けられる。そう感じる教師は少なくないだろう。

そこで宮島が動いた。今年度で後進に道を譲る予定の当時の校長に働きかけ、教師たちから信頼を得ていた河井俊彦を中心に「キャリア教育検討委員会」という会議体をつくり、そこで総合的な学習の時間のカリキュラムについて議論をスタートさせることにした。もちろん中村たちもその議論に参加した。

中村たちは次年度の「総合的な学習の時間」の目標やカリキュラムを考えるうえで、「学力の3要素」の話をよく持ち出した。そこでは学力は「1．知識・技能」「2．思考力・判断力・表現力」「3．主体性・多様性・協調性」と定義されていた。このうち「知識・技能」に偏りがちな教科教育に対して、総合の時間では残りの2つを特に意識して実施していこうと話した。この3つの力は当時、国でも「生きる力」の知として、推進していたから、先生方も当然知っていた。だから、そこを顕在化させ、中心軸にすることで議論を進めた。

## ●入学者23％増。町内進学率も11％アップ

たった1人の津和野高校魅力化コーディネーターとして孤軍奮闘してきた中村にとって、3月に行われた2014（平成26）年度の入学試験の結果は、小躍りしたいほどうれしいものだった。この1年、手探りで進めてきた津和野高校魅力化事業が功を奏し入学者は前年にくらべて23％アップし、津和野町内からの進学率も11％アップした。

**中村**　やはり結果が数字で見えないと皆さんの理解が得られないし、共感や支援も得られない。入学者増と言っても55人が68人になった程度なのですが、23％上がりましたと言うとかなりのインパクトがある。学校というよりは地域や行政に対してですね。それでこれ以後はプレゼンする際など、この数字をよく使っていました。

この数字は廃校の危機から津和野高校を救おうとしていた多くのひとたちにとっても、願ってもないものだった。この数字に背中を押されるように、津和野町は中村に加えさらに1人の高校魅力化CNの配置を決めた。また例のプロジェクトチームが提案していた町営の英語塾・HAN‐KOHの設置にゴーサインを出した。

これによって中村純二には松原真倫という「相棒」ができた。また、山本竜也を始めHAN‐KOHの講師とスタッフが3人、相次いで津和野町に赴任することになり、津和野町の高校魅力化事業は新たなフェイズに入ることになった。

## 2　無料町営塾・HAN‐KOHができた

### ●「ヤマタツ」と呼ばれて

2021（令和3）年7月、町営英語塾・HAN‐KOHの運営スタッフとして3年、津和野高校の高校魅力化コーディネーターとして5年のキャリアを持つ山本竜也は、その年の春に津和野高校を卒業した堀田結子とともに、『しまね留学』のホームページのためのインタビューを受けていた。インタビュアーの「なぜ津和野高校を選んだのでしょうか」という問いに、堀田はつぎのように答えている。

**堀田結子**　留学前に見学した際、地域の方々との距離の近さを感じました。そこに魅力を感じて入学を決めました。両親もいっしょに見学したのですが、津和野高校をとても気に入ってくれました。津和野高校を見学したときに、ヤマタツ（山本竜也さん）が対応してくれたことをよく覚えています。（しまね留学ＨＰより）

同僚や教師たちは親しみを込めて山本を「ヤマタツ」と呼ぶ。だが、高校を卒業したばかりの女子大学生が30近い男を「ヤマタツ」と公式のインタビューの場で呼ぶのを聞くとかなりの違和感を覚える。だがそこには津和野高校の生徒たちが山本に抱いている親しみと信頼が如実にあらわれていると言って良い。このインタビューの音源を文字に起こす際にわざわざ「ヤマタツ」と書いたのも、インタビュアーや編集者が、それを感じ取ったからだろう。

**山本竜也**　町営塾・ＨＡＮ－ＫＯＨが始まった当初、講師やスタッフで話し合って生徒たちとはなるべくフラットに接していこうと決めていたので、私が担当した講座を取ってくれた生徒たちは自然に私のことを「ヤマタツ」と呼んでくれていたような記憶がありますね。

初めて生徒から「ヤマタツ」と呼ばれたとき山本は、生徒たちと良い関係性がつくれているなと思った。ただＨＡＮ－ＫＯＨの講師・スタッフや高校魅力化ＣＮは教師に準じるものと考えられていたので、生徒たちは学校の中では『さん』づけを求められた。山本を「ヤマタツ」と呼んでいるところを教師に見られて怒られている生徒もいた。さすがに当時の学校内では「ヤマタツ」では通らなかったのだ。

だがそれから8年がたって山本は島根県がつくる公式ホームページで生徒から「ヤマタツ」と呼ばれている。そこから津和野高校の生徒たちにとって高校魅力化コーディネーターや町営英語塾・ＨＡＮ－ＫＯＨの講師・スタッフがどのような存在となったかを見ることができる。

## ●ＨＡＮ－ＫＯＨは町営の無料英語塾

山本が運営スタッフとして津和野でのキャリアをスタートさせた町営塾・ＨＡＮ－ＫＯＨは津和野町が津和野高校の生徒ならだれでも無料で学べる町営塾として２０１４（平成26）年4月に開講した。このＨＡＮ－ＫＯＨという名前は江戸時代に津和野藩がつくった藩校「養老館」の精神を受け継ぐという思いを込めてつけられた。養老館は津和野高校の校歌にも謳われている啓蒙思想家・西周《にしあまね》や文豪・森鷗外らを輩出したことでも有名だ。

町には無料の英語塾を併設することで津和野高校の魅力アップにつなげたいという狙いがあった。津和野町には予備校はもちろん私営の塾もなかったから、そこに無料の塾ができれば多くの生徒が集まるだろうという発想だった。
もともとこの無料の町営塾を津和野高校に併設するというアイディアは、さきに触れた学校、行政、後援会からメンバーを新たに切り出してつくったプロジェクトチームが提言したもので、そこにはもちろん中村、宮島、村上の3人が関わっていた。

中村たちが「無料の町営塾」という発想を持った理由は大きく分けて2つあった。1つ目が「学力の向上」であった。塾もない地域で学習環境を整備し、無料で学習支援を実施することは入学者数の増加も期待できることであった。正直な話、行政や地域住民の理解、特に先生の支持を得るには、学力の向上は欠かすことができない点であった。

2つ目は推薦入試やAO入試の指導をHAN‐KOHで行うことで、進学実績をつくっていけるのではないかということだった。これは2013（平成25）年の10月頃に中村・宮島・村上が高校魅力化事業では一歩前を進む隠岐島前高校を視察したときに得た知見が基になっていた。つまり推薦入試やAO入試をうまく使えば単純に学力を上げなくても、「以前より高い進学実績」を出せることがわかった。

そして3つ目があるとすれば、それは「学校ではない」ということだった。塾ならある程度学校のルールから自由なところで時間にも縛られず、講義スタイルや生徒との関わり方が展開できる可能性がある。たとえば学校の中ではヤマタツと生徒が呼ぶのが許されなくても、塾の中なら許される。そういうことだ。

ＨＡＮ－ＫＯＨを英語に特化した塾としたのは、グローバル化に対応する人材を育成するには英語力の涵養が必須という考えと国際交流や留学などの発展的な取り組みを期待できるという考えが根底にあったためだが、受験に際して、当時の先生方は生徒の英語力に課題感を持っていたため、受験ということを考えると文化系と理科系両方に必須の英語に特化するという戦略は先生の理解も得られやすいように中村にも思えた。

## ●いやいや来ている寮生たち

開設当時、寮生は全員がこのＨＡＮ－ＫＯＨの受講を義務づけられた。その頃は現在ほど県外から津和野高校に来る生徒は多くなかったが、それでも定員70人ほどの寮に35人を超える寮生が生活していた。寮は４人部屋で予習復習や課題をやるには十分な環境とは言えなかった。そこで自習を行うことも含めて学習の習慣をつけさせるという思惑もあって、寮生は寮での食事が終わると全員がＨＡＮ－ＫＯＨに行くことになった。『津和野高校創立１１０周年記念誌』には「開講当初４月の入塾人数は自習のみの利用者を合わせて、寮生37名、自宅生42名（１年生19名、２年生12名、３年生11名）の合計79名」とあるが、山本には最初に塾生と対面した日は、ほとんどが寮生だった記憶がある。

**山本**　ＨＡＮ－ＫＯＨが開講したのは２０１４（平成26）年の４月の８日か９日、入学式のつぎの日だったと記憶しています。天気は晴れでした。そのとき生徒たちは緊張していましたね。何が始まるんだろうって感じかな。これは推測ですが当時の寮生たちにＨＡＮ－ＫＯＨのことが伝わったのは４月に入ってからかもしれません。それぐらいぎりぎりの立ち上げだったので。しかも強制的に参加させられたわけですから、「いやいや来ている」って感じがすごかった。

山本は寮生たちを寮の舎監の先生が引率してきたのかどうか覚えていない。その場には塾長と山本、ＣＮの中村純二、さらにはこの２０１４年の４月、新たにＣＮになった松原真倫もいた。開講当初はこの４人が中心となってＨＡＮ‐ＫＯＨを運営していくことになった。またその後４年間にわたってＨＡＮ‐ＫＯＨの講師を務めた渡辺は、この年の夏に津和野に来たので、まだこのときにはいなかったと山本は記憶している。

山本は、このとき塾長が生徒に向けて「どういう塾を目指すか」という話をした記憶がある。この頃塾長はよく「イエスと言えるようにしよう」「イエスと言える場面を増やしていこう」という話をしていた。

**山本**　当時の寮生には、いまのように県外から津和野高校をわざわざ選んで来てくれるような生徒も多くはありませんでした。総じて成功体験の少ない、自己肯定感の低い生徒たちが多かった。だからこれからは、いろんな場面で「うまくいったか」とたずねられたとき「イエス」と答えられる場面を増やしてしていこうというふうに塾長はよく話していました。たとえば塾での学習面でも「うまくいったよね」とか「やりたいことができるようになったよね」とか言えるような場面を増やしていきたいというのが塾長の考えでした。

## ●ソファに寝っ転がっている男子生徒も

寮生の全員強制参加はすぐに問題を引き起こした。当時の津和野高校では、個々の生徒たちの間で、そもそも学習意欲や学習のレベルに大きな違いがあった。学習意欲が低いというか、寮に戻ってまで勉強したくないという寮生は少なくなかったのだ。

**山本**　寮生全員、自習も含めて勉強は塾でやろうということで、寮生がみんなＨＡＮ－ＫＯＨに来ることになったのですが、英語の力を身につける以前の問題が目にあまるようになりました。たとえばＨＡＮ－ＫＯＨに来てもソファに寝っ転がって、席に着いてくれない子もいた。当時は自習の場であると同時に寮生の居場所機能も重視していたので、ソファスペースもあったんですよ。

当時は塾長の方針として「イエスと言えるようにしよう」という考えを持っていたので、講師もスタッフもソファに「寝っ転がるという行為の発露」もふくめて認めていくというイメージを持っていた。だから特に注意したりもしなかった。

また学習面でも問題が出てきた。開設当初は「入試即応」「高校基礎」「中学基礎見直し」の3講座を設定し、それぞれのレベルに合わせて対応するとしていたが、蓋を開けてみると、高校基礎のレベルにも達していない塾生が少なくないことがわかった。

そこで最初は高校の英語というより、まず中学校の英語のやり直しがHAN・KOHの課題となった。具体的には中学校のドリルをやったり中学校のWEB教材を導入したりした。

**山本**　開講して2週目ぐらいから中学校の英語のドリルをやることにしたんですが、私の机の前に丸つけをしてもらうために生徒の長い列ができていた。それを見ながら、英語をやる意味について考え込んでしまったのを覚えています。

## ●生気もないし自発性もない塾生たち

HAN-KOHの設立時に打ち出した「英語に特化した塾」という戦略は間違っていなかったが、山本には、それより前にもっとやることがあるような気がした。たとえば国語力をつけるとか、世の中の動きを見る力をつけさせることとか、そんなことの方が重要ではないかと考えたのだ。

またHAN-KOHでの塾生たちの様子も山本には気になるところがあった。

**山本**　我々に中学生向けのドリルをやれと言われてやり、〇をつけてやるから並べと言われて並んでるって感じですかね。生気もないし自発性もない。中村純二さんが最初に津和野高校に来たときの印象として「とにかく生徒に生気がなかった」とおっしゃってますが、私もまったく同じ印象を受けました。

HAN-KOHは塾生ならいつでも利用できる自習時間とテーマを決めて塾の講師が運営する講座とに分かれていた。講座は午後8時20分から45分間を2コマ設定していた。

講座を開いて講師が授業をしたりドリルをやらせたりしている時間は良かったが、自習時間になると学習意欲の差がやはり問題を引き起こした。

ソファに寝っ転がるという行為の延長線上に、スマートフォンをいじるとか塾生同士でおしゃべりをするなどの行為をする塾生が目立ってきたのだ。この年の9月には授業のＩＣＴ化を目的にiPad miniが導入されたので、それを学習以外に使う塾生もあらわれた。

こういう塾生がいる一方で勉強熱心な塾生は学校が終わるとすぐにＨＡＮ・ＫＯＨにやって来て自発的に自習をしている。彼らにとってスマートフォンをいじったりおしゃべりしたりする塾生たちの存在は迷惑以外の何ものでもなかった。

## ●時事ニュース講座や小論文講座が塾生を動かすきっかけに

中学生向けのドリルを塾生にやらせ、〇つけに並ぶ塾生の姿に考え込んでしまった山本は英語にこだわらず広く社会一般について考える講座を持ったらどうかと考えた。

**山本**　開校当初は45分ずつ高1高2高3と回して英語のドリルをやっていくという形で始めたんですが、そこから選択でいろいろな講座を取れるような形にしていきました。たとえば受験に対応した英語講座、あるいは留学に対応した英語講座とか。そこで「じゃヤマタツは何をやる？」と言われて、ニュースを見るのは好きだったし、大学院で政治学をやっていたのもあって始めたのが時事ニュース講座や小論文講座です。

この講座で山本が狙ったのは英語の力をつけるというより、世間の動きを見る視線の持ち方を教え、その背景にあるものを知る力を養っていこうということだった。そうしないと英語の能力向上にもつながっていかないというのが山本の考えだった。自分の得意な分野の講座を開いた山本は塾生たちと積極的に交流できるようになり、塾生との距離もどんどん縮まっていった。

そしてある日のこと、「大学の教育学部を受験したい」という生徒から模擬授業のプレゼンがうまくいかないので何とかしてほしいという「SOS」が山本のところに入る。

それが後にHAN-KOHがAO入試や推薦入試で教師や保護者たちも驚くような実績をつくり、山本が「AO入試・推薦入試サポートの達人」と呼ばれるきっかけになるのだが、それはもう少し先のことだった。

## 3　自立貢献―総合的な学習の時間を津高キャリア教育の場に

### ●津高キャリア教育で育みたい3つの力

HAN-KOHで山本がスタッフとして活動し始めた頃、中村純二はHAN-KOHの運営に関わる一方でようやく津和野高校の生徒たちと授業を通じて触れ合える場をつかみ取ることに成功していた。

前年度（２０１３（平成25）年度）から「キャリア教育検討委員会」で校長の肝煎りもあって進められてきた「総合的な学習の時間」の改革論議は、２０１４（平成26）年4月に「津和野高等学校平成26年『キャリア教育』全体計画」（以下「全体計画」）として具体化された。

この計画は「キャリア教育全体目標」を「自立貢献〜社会に貢献できる自立した人材の育成〜」としており、「育みたい３つの力」としてつぎの３つを挙げている。

社会関心力・多様性の受容：
新聞やＩＣＴを活用しニュースや社会問題に触れる機会を授業や課外活動を通して行う。
自立して行動する力：
自分でリサーチし、アイディアを考え、形にする、伝えるといった学習活動を行う。
コラボレーション力：
意見を言う、聞くグループワーク活動を増やし、協同で課題の解決を行う学習を行う。

この３つの力を育むために1年次には興味の方向性を見つけ、２年次には興味あることを探求し自ら課題を考え解決に動き、３年次には進路目標に向けて自己目標の探求と自己実現を目指すことを目標とした。

またこうした目標を実現するために総合的な学習の時間にも各年次でつぎのような点に重きを置いた。

1年次：探求するための情報をつかむ→探求学習（自分・社会・仕事）・外部講師・フィールドワーク・つわのカタリバ・まちが語る・自分探求ワークショップ

2年次：課題解決の手法を学ぶ→地域課題解決学習・インターンシップ・フィールドワーク・高校生議会・つわのカタリバ・外部講師講話

3年次：進路実現に向けて行動する

## ●魅力化プロジェクトの柱は「総合的な学習の時間」

「キャリア教育検討委員会」の中心となった河井は同4月から津和野高校進路部の部長となり、その後は津高のキャリア教育は進路部の主導によって総合的な学習の時間の中で展開されていくことになった。

**中村**　河井先生は日本史や世界史などを教える社会科の先生で、着任早々のぼくがつぎつぎと打ち出す学校改革のアイディアについて「君の言っていることは正しいと思うが、それはいまの学校では主流ではないんだよ」と独特な理解を示しながら助言してくれた先生でした。この

「全体計画」の素案は河井先生に相談しながらぼくがまとめたモノですが、河井先生はこの「全体計画の進め方」は細かくコントロールされましたが、中身については細かいことはおっしゃらなかった。新年度には進路部の河井先生の隣の席で仕事をしていたので、信頼関係ができていましたし、先生からも信頼してもらっていたように思います。

進路部は年度の初めに「総合的な学習の時間「コラボ」の運用等について（案）」という文章を職員会に提示。２０１４（平成26）年の津和野高校魅力化プロジェクトの柱が改革された「総合的な学習の時間」にあることを明確にした。

総合的な学習の時間「コラボ」の運用等について（案）

平成26年4月14日進路部

今年度津和野高校の魅力化プロジェクトの柱として総合的な学習の時間「コラボ」のカリキュラムを作成しました。1年生では「地域を知る（1学期）」「仕事を知る（2学期）」「自分を知る（3学期）」のテーマを通して地域理解や勤労観、将来設計能力を育んでいきます。2年生では「地域課題をテーマにし、課題解決の活動に取り組む中で、課題発見・解決能力、コラボレーション力、企画構成力、情報活用力などを育むことを目指します。

〔学習の流れ〕

1年生　地域を知る（1学期）・仕事を知る（2学期）・自分を知る（3学期）知る↓調べる↓考える↓まとめる↓発表する

2年生　地域課題について考える
知る↓調べる・気づく↓考える↓まとめる↓発表する・提案する

## ●「前に進む」ことを目標にカリキュラムをつくる

２０１４（平成26）年4月、こうして津和野高校魅力化が事業の大きな目玉としてまったく新しい総合的な学習の時間がスタートした。

それまでのまとめ取り方式による総合的な学習の時間を月に2回程度木曜日の5、6時間目をあてることで実施日を固定し、定期的に実施することになった。

**中村**　計画やカリキュラムの中身はうまくいっているところのものを取り入れてどんどん津和野風にアレンジしました。「つぎに進めれば良いな」というぐらいの気持ちで、言葉にはそれほどこだわりませんでした。でも「自立貢献」とか「コラボレーション」などの言葉はよく使っていました。特に生徒や先生方に説明するときは「コラボの時間」という言い方をよくしていました。「総合の時間」というよりわかりやすい気がして。

当時、中村は質を追求するより、どうやったら新しい「総合的な学習の時間」の目指す目標が教師たちに伝わるかということを第一に考えていた。教師の意識が、教科の点数を上げることから、生徒が社会に出たとき必要な力をつけることに変わってほしいと思っていた。そういう力をつけることの必要性にひとりでも多くの教師が気づき、そういう力を上げるにはどうしたら良いかに興味を持ってほしい。そういう気持ちで中村は具体的なカリキュラムをつくっていった。

**中村**　まずは「進むことが大事だ」と。国が示す目標や指導要領などの大上段に構えた正解を目指すより、現場が半歩でも前に進むことと始めてみることを優先しました。絶対解ではなく、先生方が納得してくれれば良いぐらいの感覚でした。

中村が、そのように言わざるを得ないぐらい当時の津和野高校の教師たちには「探求的な授業」や「課題解決型授業」というものは馴染みが薄く、イメージするのが困難なものだった。だからこそ中村たちは教師一人ひとりだけでなく、学校全体の意識も変えたかった。

## ●ＣＮ主導で動き始めた総合的な学習の時間

「津和野高等学校平成26年『キャリア教育』全体計画」が職員会議で教師全体に告知されたものの、どの教師がどうやるのかなど、授業の中身の練り込み、進行などは明確に決められていなかった。そこで総合的な学習は担任以外の副担任などがいっしょに実施するという程度の理解で進んでいった。

当初は副担任が総合的な学習の教師側の担当になり、ＣＮである中村やこの年新しく入ってきた松原ＣＮがサポートする形で動き出した。だがすぐにＣＮと教師との事前打ち合わせの時間を取ることが難しくなってきた。空き時間を見つけては中村と松原は教師たちと打ち合わせをしたが、副担任といってもほかに専科の授業を持っていることに変わりはなく、総合的な学習の時間の中身を具体的につくっていくのは難しい。そのため徐々に、教師たちからＣＮの中村たちに任せることが多くなっていった。実際にはＣＮが最初から最後まで実施し、教師は後ろで見ている形での授業もあった。

中村が当時の校長の指令を受けた河井先生と組んで総合的な学習の時間の改革を提起したとき、ある程度こうなるだろうことは予想されてはいたが、ここまでの状態になるとは思ってもいなかった。

**中村**　期待されているのか、丸投げなのかわからない状態ですね。ただ1年目にはゲストで呼ばれることはあっても、CNが直接授業を担当するということは到底考えられなかった。それを考えると大きな変化ではあったと思いますが、目指していた形ではありませんでした。

もちろん中村や新しくCNになった松原にとっても「津和野高等学校平成26年『キャリア教育』全体計画」に沿って一つひとつの授業をつくっていくことは容易なことではなかった。常に「つぎの授業をどうするか」と追い立てられるような毎日だった。会社であれば自転車操業と呼ぶのがふさわしいような日々が続いた。それでも新CN松原が主に1年生、中村が主に2年生を担当し、分担しながら進めていった。

こうして実施から半年も経たないうちに総合的な学習の時間は中村たちの思惑を超えてCNや魅力化事業のスタッフたちの主導で行われることになっていった。

## ●2年生全員がインターンシップを体験

中村が1年目の総合的な学習の時間で印象に残っているのは、現在は実施されなくなっているフィールドワークの授業だ。教師も含めて何度も議論したが、津和野の高校の生徒が地域に飛び出して、地域のひとと話し、そこから地域の課題を見つけることを目的とした授業は、このとき、初めて行った。
中村にとって2年生が2014（平成26）年の7月に行ったインターンシップも印象深い。それまで就職コースの生徒のみが行っていた職場体験を2年生の全生徒に対象を広げ、しかも派遣先が重ならないように53名分の受け入れ先を用意した。この2年生全員を対象にしたインターンシップが実現した背景には、中村といっしょにカリキュラムをつくってきた河井（進路部長であり、キャリア教育委員会の長）の尋常ではない熱意があった。
河井は以前から就職コースの生徒たちの指導を担当しており、生徒たちが自分の進路を考えるうえで、このインターンシップがどれほど重要であるか熟知していた。

**中村**　ほかのことにはあまり注文をつけなかった河井先生でしたが、この3日間のインターンシップだけは学年全員に実施したいという強い要望がありました。53の受け入れ先を町内で探すのはたいへんでした。警察署の希望や消防署、学校現場など公的な機関はなかなか受け入れが難しいんです。山口県警からは1日だけなら可能と言われたり。それでも先生の尽力で町外の事業所も含めなんとか確保できました。

同じ事業所に複数の生徒をやれば簡単だが、それでは生徒同士でなれ合ってしまって緊張感に欠ける。そう主張して河井は１つの事業所に生徒１人という枠組みをけっして崩さなかった。

夏休みが明けると中村たちも少しだけ新しい総合的な学習の時間の運営に慣れてきた。４月に立てた授業予定に縛られることなく、急遽別のところからゲスト講師を招いたり、逆に依頼に応えたりなど、臨機応変にプログラムを実施している。

たとえば10月・11月は当初の予定を変更し、つぎの４つの講座を実施した。

1. ＪＩＣＡ国際理解教育「世界を知る」
日時：10月23日（木）１年生６・７限、２年生３・４限　内容：１年生　ワークショップ「世界が１００人の村だったら」、途上国体験記２年生　ワークショップ「貿易ゲーム」
2. ＮＰＯカタリバ　キャリア教育授業「未来を考える」
日時：11月17日（月）１年生６・７限、２年生３・４限
3. ＮＰＯ法人底上げ キャリア教育授業（１年生のみ）
日時：11月14日（金）１年生６・７限
4. 「島根で働く」企業ガイダンス（２年生のみ）
日時：11月20日（木）２年生６・７限

この3番目に出てくる「NPO法人底上げ キャリア教育授業」がその後、津和野高校の魅力化事業を語るうえで大きな意味を持って来る。

## ●2015（平成27）年度は個の力を引き出す方向で

2年生の課題解決の学習発表は、反省点の多いものになった。当初の計画から急遽、追加のプログラムを入れたことで、最終的に4回のみの授業実施になってしまい、中途半端な着地になった。時間的な余裕はもちろん、実施者の経験不足や、実施1年目ということで、昨年の積み上げがない2年生だったことなど原因は多くあった。その中でも既成事実をつくる狙いもあったので無理やり実施したような背景もあった。

最初の年を振り返ると「自転車操業の1年間」という言葉に尽きるように中村には思えた。2014（平成26）年度の反省点を踏まえ、次年度の総合学習の概要を提案した。2年生はインターンシップの実施などもあり、64時間を要する勢いだったので膨れ上がった総合的な学習の時間の時間数の削減や教師と協働で実施できるように打ち合わせの時間を時間割に組み込んでもらう、といった提案もした。また内容に関しては生徒がなかなか思ったような学習意欲や学習活動を引き出せないことを反省し、1年次にはより自分自身を見つめ、個を掘り下げて、個の力を引き出そうという方向でまとめ、次年度の総合学習をスタートさせた。

## 4　グローカルクラブの発足

### ●連続性に欠ける

すでに触れたように高校魅力化CNとして単身津和野高校で活動を始めた中村は1年目から生徒や学校、地域に対してさまざまな働きかけをしてきた。

水害復旧ボランティア、水害で荒れた津和野駅ににぎわいを取り戻す「すてきな駅舎プロジェクト」、オープンスクールの改革、そして地域の伝統芸能・鷺舞を学ぶプロジェクトなど。中村は高校魅力化CNとして確実に実績を積み上げていった。だがその一方で中村は内心、焦りを感じていた。

**中村**　確かにこうしたプロジェクトは地域のメディアに取り上げられたりして話題にはなっていました。しかし、それぞれのプロジェクトに参加した生徒たちの顔ぶれは違うし、テーマとしても毎回バラバラ。1つのプロジェクトが終わると、それによって生まれた成果も問題点も、つぎのプロジェクトをやる生徒たちには引き継がれていかない。またゼロから始めなければいけないわけです。ようするに連続性に欠けていたんです。

そこで中村は、まず「総合的な学習の時間」を使ってCNが直接生徒や教師の意識改革を狙うという戦略を立てた。そしてもうひとつ、それまでのようにプロジェクトを立ち上げるごとに新しく生徒を集めるのではなく、中核となる生徒を集めてクラブをつくり、世界や地域社会と自分たちの関係を考察しながら津高生が地域に出て学びの場を広げていくという仕組みを思いつく。それが「グローカルクラブ」だ。グローカルとは「グローバル」（世界的）と「ローカル」（地方的）を組み合わせた造語である。

## ●グローバルでローカル

この「グローカル」という言葉、『大辞林』第三版には「国境を越えた地球規模の視野と、草の根の地域視点双方で問題を捉えていこうとする考え方」とある。

**中村**　「グローカル」という言葉は、当時すでに使われていた言葉で、ぼくがつくった名前というわけではありません。当時は英語でのコミュニケーションと地域でのアクションを「グローカルクラブ」の2本の柱にしていましたので、グローバルな視野を持って、目の前の課題にアクションする（think globaly, act localy）このクラブにはふさわしい名前だと考えてこれにしました。これに決める前は「国際地域交流クラブ」という名前を名乗ってみたこともあったのですが、わかりやすいしキャッチーなのでグローカルクラブにしました。

まとめると1年目の活動で見えてきた課題、つまり活動の成果が積み上がっていかない、単発的で継続性がない、ひとを集めるのが難しいなどの課題を解決するために2年目にクラブという形にしてみたということだ。毎日活動する「部活」として学校に正式に認めてもらおうとすると何かと敷居が高くなるので「週に1回活動するクラブです」ということで職員会議にも提案し認めてもらった。

週に一度とはいえ、常にプロジェクトの中心になって動ける機動力を持った生徒がいるだけで、中村が思いつくいろいろなプロジェクトがスピーディーに行えるようになった。

こうして地域に飛び込んで自分たちの手でどんどん学びの場をつくっていく課外活動グループとしてグローカルクラブが誕生した。２０１４（平成26）年の6月くらいから声がけを始め1年生6人が集まって正式に発足したのは9月のことだった。

## ●最初は英語の観光ガイドも柱に

グローカルクラブの日常的な活動はどんなものだったのか。最初の頃は、ＡＬＴ（外国語指導助手）で津和野町教育委員会に配置されている外国人が協力してくれると言うので、まず英語だけでしゃべるというのをやってみることになった。

実は1年目にも中村は、津和野に来る外国人観光客を想定して津高の生徒が英語の観光ガイドをやるというアイディアを出したことがあった。実際に津高生が観光ガイドをするまでには至らなかったが、一部の生徒が興味を示した。そこでグローカルクラブでも、それをゴールに設定して1回2時間の活動時間のうち1時間は英会話にあて、残りの1時間で自分たちが地域でやりたいことを考えることにした。

**中村**　グローカルクラブが動き出したばかりの頃に、いろいろ自分たちがやりたいことを出してみるというのをやってみました。すると地域のことを調べるには写真撮影が欠かせないからカメラの使い方を習いたいとか、地域に出て地域のマップをつくってみたいとか、いろいろな意見が出ました。その中から「底上げを訪問したい」という動きが生まれたのです。

「底上げ」については先に簡単に触れているが、2011（平成23）年の東日本大震災の直後に宮城県気仙沼市で立ち上げられたNPO法人のことだ。代表（理事長）矢部寛明は中村も津和野にくる前からよく知っていた。底上げのホームページにはつぎのように記されている。

「NPO法人底上げは、東日本大震災直後に宮城県気仙沼市で立ち上げました。東北の高校生が〝自分のやりたいこと〟と〝地元のためにできること〟を考え、行動を起こすサポートをしています。そこから高校生が主体性や自ら学ぶ力、課題解決力を身に付け、同時に地域に根差した活動を通し郷土愛を育むことで、新しい社会やワクワクする地元をつくることができる人材を育成しています」

先に触れたように津和野高校では中村たちの働きかけによって「総合的な学習の時間」の見直しが行われ、外部から講師を招いて話を聞くという時間が組み込まれるようになった。ちょうどグローカルクラブが発足した頃、このＮＰＯ底上げが講師として津和野高校に招かれワークショップを行う機会があった。それをグローカルクラブのメンバーが聞き興味を持った。

そのワークショップは２０１４（平成26）年11月14日の金曜日、総合的な学習の時間の「授業」として津和野高校の体育館を使い1年生全員が参加して行われた。

ＮＰＯ底上げからは代表（理事長）の矢部寛明を始めスタッフ2人、それに高校生のとき底上げに通って地域で活動した経験がある、当時大学1、2年生のメンバーが4、5人参加した。ワークショップといってもやり方は簡単で、生徒たちが5人ずつのグループをつくり、そこに底上げから来たメンバーが入って生徒のやりたいことを聞いたり悩みを引き出したりした。

**中村**　こちらの狙いは、代表の矢部君がものすごくひとを惹きつける魅力を持っているので、ぜひ津和野の高校生に会わせたいという一点のみ。とにかく矢部君の「行動はメッセージ」という考え方を津和野の高校生に体験させたいということにあって、テーマは決めなくても必ず伝わると思っていた。実際にそのメッセージをしっかり受け取った3人の1年生が底上げを訪問するという行動を起こすわけで、私たちの狙いは予想以上に当たりました。バットの芯を捉えて飛んでいきました（笑）。

## 5　ついに動き出した生徒たち。「底上げを訪問したい」

### ●衝撃的だった底上げの授業

6人いたグローカルクラブのメンバーのうち特に3人が底上げの授業が終わった後も興味を持ち続け「あのひとたちはどういうひとたちなんですか」と中村に繰り返し質問してきた。そしてここで思わぬことが起きた。先にも触れたように中村がいろいろ話をするうちに彼女たちが「こんどは私たちが底上げを訪問してみたい」と言い出したのだ。

その3人のうちの1人がグローカルクラブの初代部長だった島田美久だ。島田は地元・津和野町の出身で津和野高校から慶應義塾大学に進み、２０２２（令和４）年現在、同大学院に在籍している。彼女が慶應大学にＡＯ入試で合格した経緯については後に詳しく触れることになる。

島田にとって、底上げのひとたちに出会うことのできた「総合の時間の授業」は衝撃的だった。

**島田美久**　自分に必要だと思うこと、自分がやりたい、学びたいという気持ちに対して素直で、全力で楽しむ大人や学生を初めて見ました。私も底上げの方みたいに、ひとの心を熱くさせ、口だけではなく行動して楽しみながら、動けるひとになりたいと強く思ったのを覚えています。2時間の授業では物足りなくて、底上げの方が控室で帰る準備をされているときを狙って、「まだまだお話を聞きたいし、学びたいので、つぎは私たちが会いに行って良いですか？」と率直に伝えました。

島田の言葉に矢部が「おおおお、良いな！　待ってるぞ！」とストレートに言葉を返してくれた。その言葉が原動力となって、もっと多くの底上げのひとたちに会いたい、震災後の東北の姿を自分の目で見て学びたいという気持ちが高まっていった。

## ●いままでの関係が逆転する瞬間が来た

中村が高校魅力化CNとして津和野高校に来て1年半がたった。ここまでさまざまなプロジェクトを仕かけてきた中村だったが、すべて生徒は受け身だった。中村が声をかけ、それに生徒が応えて動き出す。中村が何か仕かけなければ生徒が動き出すことはなかった。それが生徒の方から「底上げを訪問したい」と声を上げたのだ。いままでの関係が逆転した瞬間だった。

**中村**　うれしかったですね。それまではぼくがある意味、すべてお膳立てしてそれに生徒が乗っかって動く格好でしたから。今回は生徒の方から言い出してくれた。この気持ちはストレートにぶつけた方が良いと思いました。どこにぶつけるかと言えば、やはりまずは校長でしょう。

ここで中村は、いままでのように自分が完璧なシナリオをつくって生徒を動かすのはうまくないと考えた。そこであえて計画の立案はすべて生徒たちに任せることにし、まずは生徒たちの気持ちを直接、校長にぶつけさせることにした。

突然3人のグローカルクラブのメンバーの訪問を受けた宮本善行校長（当時。現つわの学びみらい代表理事）はどう感じたのか。

**宮本善行**　とにかくびっくりしました。企画書も何もなく、ただ「底上げに会いに行きたい」と言うだけ。だから私は聞きました。どうやって行くの？　お金はどうするの？　するとまったくわからないと言う。それじゃダメだと私は言いました。ほんとうに底上げを訪問したいならちゃんとした企画書を持ってきなさいと言って帰した。その後３人は中村さんに相談したんじゃないかな。

つぎに来たとき３人は翌年（２０１５年）の３月11日の「震災記念日」に合わせ底上げを訪問すること、具体的にどこからどうやって行くかという詳しい計画を立ててきた。それを聞いた宮本は親の了解を取ることを条件に底上げ訪問を許可した。ただその日程だと島根県の公立高校の入試日と重なってしまうため、津和野高校の教員が引率することはできなかった。そこで宮本は中村に３人の引率を依頼した。

## ●３月11日の慰霊の式典に合わせて底上げ訪問

島田を含めた３人の生徒たちは２０１５（平成27）年３月９日、中村に引率されて津和野を出発した。とはいえすべての計画は生徒たちが立て、中村は生徒の後をひたすらついていくという体だった。

1日目は津和野を午後に出てJRで山口まで行き、博多行きの新幹線に乗った。そのとき山口駅でちょっとしたハプニングが起きた。中村が彼女たちの後ろをのんびり歩いていると、突然「時間ぎりぎりだー」という声がして3人が走り始めた。中村も走って追いかけたが、すんでのところで乗り遅れそうになったのだ。そんなことが起きるくらい中村はこの旅行を生徒たちに任せきりにしていた。

なんとか無事に新幹線で博多に着くと、福岡空港から仙台まで飛び、そこで1泊。2日目はレンタカーを借りて中村が運転し、途中、石巻や女川など震災による被災地を見ながら目的地である気仙沼を目指した。夕方気仙沼に入ると「NPO底上げ」と交流。その日は気仙沼に宿泊した。

翌3日目がちょうど3月11日にあたるような日程を組んでいたので、一行は気仙沼で慰霊の式典に参加した。そしてその日のうちに仙台に帰って宿泊し、翌4日目に飛行機で博多に戻った。

**中村**　とにかくこの底上げ訪問では、彼女たちの自主性に任せようと決めていました。日程も使う交通手段もそうでした。また気仙沼では底上げのほかに地元で被災した方がやっているカフェを訪問したのですが、アポも彼女たちに取らせ、質問内容も事前に送って彼女たちが直接やりとりをしていました。そんなありのままの高校生の質問の仕方や質を見ていると「もう少しアドバイスをしても良かったかな」といまになって思ったりします。でも当時は生徒たちが自分で動こうとしてくれたことがうれしくて、なるべく彼女たちの自発的なエネルギーを潰さないようにやりたいようにやらせてあげたかった。

## 6　思いつきで良い。とにかく動き出すことだ

### ●校長の指摘に思わず涙

底上げ訪問から戻ってきた3人は3月末に報告会を開き、同じ1年生に向けて自分たちが気仙沼で見聞したことを話した。しかしその内容は宮本にとってあまりに稚拙なものに映った。

**宮本**　底上げのひとたちともっと深い話をしてきたのかと思ったら、「たいへんそうでした」とか「大震災ってこんなに悲惨なんですね」とか表面的な言葉を並べるだけ。確かに現地の写真なんかは撮っていたのですが、その程度のプレゼンだったので、つい私は「君たち、いったい何をしに行ったの」って言ってしまいました。

彼女たちには、現場に行ってみたいという気持ちだけあって、向こうで何を聞こうとか何を

しようとか、まったく考えていなかったように宮本には見えた。そこで宮本はさらに言葉を重ねた。もうちょっと向こうのひとにインタビューしてくるとか、底上げのひとたちの気持ちをつかんでくるとか、何かできなかったのか。これだけなのかとまで、その場で言った。そう校長に指摘された彼女たちは思わず泣き出してしまった。

## ●3人の思いつきからすべてがスタートした⁉

宮本はいま思うと「言いすぎたな」と感じる。底上げ訪問のために気仙沼に行きたいというのは、彼女たち3人にとってただの思いつきだったのかもしれない。しかしそれが、いままでの10年間に津和野高校で起こったことのすべてのスタート地点なのかもしれないと思うと、もっと褒めてやっても良かったかなという気持ちになる。

**宮本**　中村純二さんもよく言っているように、魅力化事業が始まったばかりの津和野高校というのは生徒たちにまったく生気がなく、彼女たちのように思いつきで行動する生徒もいませんでした。自分から何かやろうという生徒はほとんどいなかった。それを思うと総合的な学習の時間に底上げのひとたちを呼んでワークショップのような授業をやったりすることで子どもたちの気持ちが変わっていったのはすごいことだと思います。

彼女たちにとって、この訪問でやろうとしてできたこと、できなかったことはかなり明確だった。だから報告会で校長から厳しい言葉をもらい思わず泣いてしまったものの、それで自分たちの気持ちが折れてしまうようなことはなかった。その当時を島田はこう振り返る。

**島田**　この底上げ訪問が自分にとってどんな意味があったかと考えてみると、まず、底上げのひとに会いに行きますと約束したことを有言実行したことが自分の自信になりました。企画書を校長先生に提出し、事前調査や、取材したい場所にアポを取ることなどすべて自分たちでやったことものすごく貴重な経験となりました。やりたいと思って動いたことが、うまくいかず突き返されることもありましたが、それが自分たちがなぜ行きたいのかという気持ちを再確認することにつながり、強い意志を持つことや伝える力を少しずつ自分なりに吸収していくことができたことが最大の学びであったのではないかと考えています。

この体験を糧に島田は一回り大きくなったような気がした。4月に入ると彼女は生徒を60人集めて花見をやるという企画を先頭に立って動かすことになる。自分たちが企画して行動したという自信は相当な力になったのだ。

この「お花見イベント」は、島田が津和野高校の3年間でもっとも印象に残った出来事となった。

**島田**　企画段階から地域の方にも協力していただきながら、高校生と地元のひとをつなぐ企画イベントをつくり上げることができ、60人ものひとが集まってくれ楽しい時間を自分たちでつくれたという達成感を味わいました。

島田は地域のひとから握手してもらいながら「普段家から出る機会がないからこのような機会があるとひとと関われるし外に出るきっかけにもなる。ありがとう。またやってね。楽しかったよ」と言われたのが一番うれしかった。

### ●どこまで大人が関わるか

この島田たちによる底上げ訪問は、いまでも中村や宮本など当時津和野高校魅力化事業の立ち上げに参加したメンバーの中で語られることが少なくない。そんなとき中村は宮本の述懐の中にある種の違和感を覚えることがある。

特に底上げ訪問から戻った島田を始めとして3人が報告した内容があまりに稚拙だったとい

う件だ。

問題は子どもの自主性にどれくらい大人が関わるべきなのかだと中村は思う。底上げ訪問の企画書をつくる段階もそうだが、最後の報告会でのプレゼン報告書類も、中村がある程度まとめるのを手伝ったり、彼女たちがつくったものにフィードバックしたりすれば、かなり良いものができるのはわかっていた。でもそれでは、本人たちがつくったものとは言えない。結果がすべてというよりもプロセスをどうつくっていくかが重要だと思って中村は関わっていた。

確かに自分1人でできることばかりやっても成長は難しい。だれかの協力があればできる領域について常日頃から意識している点でもあったが、今回は彼女たちのレベル感や温度感みたいなものを大切にしたかった。「今回はこんなレベル感で良いかな」と。大人がどこまで手を入れるかは、いつも自分の中に問題としてあって、必ずしも良いものをつくることだけがゴールではないというのが中村の考え方だ。

**中村**　もちろん校長という視点からは、そういうふうに見えるのも当然です。報告会で校長から「ぜんぜんダメじゃないか」といった指摘があっても良いと思っていました。それをフォローするつもりもありましたしね。また逆に校長の評価があんまり甘かったら、逆にぼくの方から「校長はああ言っているけど、全然できていないんじゃないの」と厳しい評価を与えようと考えていました。ぼくは彼らと近い距離にいたので、そういうバランスは取りやすかったと思います。その後に来た牛木CNはぼくにも増して大人の関与を意識するひとです。「子どもの話し合いの空間からは出てください。彼らが大人の目や空気を意識するので」と外に出されたり、夜中に電話がかかってきて、関わり方の意図について説明を求められたりしたことさえありました。

そういう関係が取れるところがCNの良さだと中村は思う。

教師と生徒だけだと、どうしても縦の関係になりがちだ。そこにCNが入ることで斜めの関係が1本余分にできて三角形の関係になる。それがうまく生徒自身の変化を引き出すきっかけになったり、学校が変わっていくきっかけになったりすることがある。

**中村**　結果の質より、どういう経過を歩んできたか、を大切にしてあげたいんです。いつもテスト20点の子が50点取ったなら、80点の子が90点取るより努力したと言えるかもしれない。同じ20点が50点になった子同士でも、教えられるままにやった子と自分でやる気になって努力した子の50点は意味が違う気がするんです。その努力の質や意欲の質を丁寧に見つけて、認めてあげたいんですよね。昔小学校の先生だったからですかね。

教師サイドからこんな声が出ることもあった。

「純二さんのような関わり方が生徒をうまく成長させることができるんだなあ」

こうしてまず生徒たちが変わり始め、津和野高校は「進学校」という殻を脱ぎ捨て、「やりたいことができる高校」へと一歩踏み出した。

# 第三章　独自の探求型授業が津和野高校を変えた

## 1　総合的な学習の時間の見直しとYプラン

### ●街づくりと学校教育は接続していかないと

中村純二がアフリカのマダガスカルから「重要なのは学校と社会がつながっていること」だという想いを胸に日本に戻ってきた頃、中村たちが始めた「総合的な学習の時間の見直し」をさらに大きく進めることになる牛木力は、アメリカ・ロサンジェルスにあるカルフォルニア大学バークレー校で同じ想いを抱えていた。

あることがきっかけで日本の医大を中退した牛木は、友人のアドバイスでコミュニティカレッジという日本の短大のような学校に入学し、そこからカルフォルニア大学バークレー校に入学した。医学以外ならこれをやりたいと前から考えていた都市計画や街づくりを勉強するためだった。そこでデボラ・マッコイ先生に出会った。デボラ先生の持論が「街づくりと学校教育は接続していかないといけない」というものだった。

**牛木力**　アメリカでは住んでいる場所の郵便番号で、そのひとがその後どんな人生を歩むのか、どれくらいの収入を得るかがわかると言われるぐらい育った場所によって経済格差が生じます。その問題をずっとやってきたのがデボラ先生でした。デボラ先生の授業を通じてぼくも初めて都市計画と教育の問題を知りました。デボラ先生は「子どもたちというのは学校で学ぶだけでなく、街の中とか地域の中で育まれていく。どうやってその学校に登校するかとか、どういう住空間で暮らしているかとか、みんなその子に影響してくる。だから、街をつくる側も学校を運営する側も、両方がタッグを組んでやっていかなければいけない」といつもおっしゃっていました。

デボラ先生の授業は実践的なものだった。最初の時間にガイダンスを終えると、すぐに高校に行き、そこの高校生たちと街づくりのプロジェクトをやる。その高校というのがカルフォルニアの中でもかなり荒れた高校だった。牛木はそこで初めてスクリーニングというものを経験した。朝その高校に行くと全員が入念にボディチェックされる。薬物を持っていないか。銃は持っていないか。犯罪の可能性がないか。何重にも確認されてから授業が始まるのだ。まあ治安が最悪の学校と言って良い。そういう中でプロジェクトを進めていった。その中身が「Y-PLAN（以下Yプラン）」と呼ばれるものだった。「Y」は「YOUTH」の略だ。

## ●Yプランはプロジェクト型の学び

このYプランをつくったのがデボラ・マッコイ先生で、いまはカルフォルニア州だけでなく、ニューヨーク州の全高校がこのYプランを高校のカリキュラムに取り入れようとしている。Yプランは、カルフォルニアとニューヨーク、アメリカの西と東の大都市を中心に広がっている。

その授業を通じて牛木は都市計画と教育の関係の深さを改めて認識したのだった。

ではその「Yプラン」とは、どんなものなのか。

**牛木**　いろんな切り口で説明できるのですが、まず「学び」という面でいうと、Yプランはプロジェクト型の学び方であると言えます。学校のカリキュラムとして街のことを勉強していくものですね。アメリカで行われているYプランの場合は、行政など、どんな形でも良いので街を変化させる立場にあるひとが関わっていくことがすごく重要です。高校生が関わっていくと現実に街が変化していく。それを高校生が実感できる点が重要なのです。

たとえば交通事故が起きやすい場所をなんとかしたいというテーマがあって、それに高校生が関わったとする。ヒヤリングや調査の結果、バス停の位置に問題があるとわかったら、実際に行政の権限でバス停をちょっと動かす。そういう目に見える変化が起きることが重要なのだ。

こうしたプロジェクト型の学習は、たとえば公園をつくるプロジェクトの中に組み込まれるなど、実際に変化を起こすものに組み込まれていくことによって、高校生に自分たちも市民として地域に参画しているという感覚を持たせることができる。

一方、大人の側にとっても、これまでお飾りの存在だった高校生、つまり計画を享受する受け身の立場だった高校生から、生の声を聞いていくトレーニングの場としての意味が出て来るのだ。

## ●孫正義のTOMODACHIプログラムも取り入れたYプラン

すでに触れたように中村純二と松原真倫が魅力化プロジェクト2年目に総合的な学習の時間の改革を提案した際、その目標として掲げたのも「プロジェクト型学習の時間を設け、生徒たちに地域の課題解決に積極的に取り組むこと」だった。

だがこのプロジェクト型学習に関心を持ったであろう人物がもう1人いた。それがソフトバンクの総帥・孫正義だった。

孫正義は2011（平成23）年に起きた東日本大震災の後、東北の岩手・宮城・福島の高校生を支援し将来のリーダーとなる人材を育成するというプログラムを2013（平成25）年にスタートさせた。それが「TOMODACHIソフトバンクリーダーシッププログラム（以下

「ＴＯＭＯＤＡＣＨＩプログラム」）」だ。
孫正義は母校であるカルフォルニア大学バークレー校に毎年岩手・宮城・福島の高校生１００人を夏休みに３週間送り込むことにした。そしてその際、高校生たちが学ぶメインプログラムにＹプランを選んだのだ。

**牛木**　そのときちょうどぼくはデボラ先生のところで学んでいたので「あなたが関わってよ」と言われてサポートすることになりました。ほんとにたまたま先生のところにぼくがいて、日本語ができるということで指名されました。ＴＯＭＯＤＡＣＨＩプログラムがスタートした当初はＹプランに使う大量のワークシートも英語のままでした。ぼくは、それを日本語でつくり直す作業をやっていました。またＹプランを指導する先生用のプログラムを組む、それを日本語にしたうえで先生にインストラクションする、そんなこともぼくの仕事でした。

牛木はソフトバンクのスタッフとも、かなり密にやり取りしていた。デボラ先生の周りでＹプランを理解していて日本語のやり取りができるのは牛木ぐらいしかいなかったからだ。

## 2　YプランがTプラン（T－PLAN）に変わるとき

### ●「底上げ」が津和野と出合うきっかけに

牛木は大学を卒業してからも2年ほどデボラ先生の下で働いていた。もっぱらTOMODACHIプログラムで日本からやってくる高校生などをサポートするのが仕事だった。このプログラムに参加する高校生は東北のいろいろなNPOを通じて来る場合が多い。その中で牛木は「底上げ」という名前のNPOを意識するようになった。

**牛木**　TOMODACHIプログラムに参加してきた高校生の中で「この子はずいぶん輝いているな」と思うと、その子は少なくない確率で「底上げ」というNPOを通じて参加して来ていたんです。そんな素敵な子たちを送り込んでくる「底上げ」ってどんな団体なんだろうなと思って調べてみました。でもまだ当時彼らはボランティアの延長みたいな感じでやっていたのでHPを見ても何もわからない。そこで日本に戻る機会があったときに実際に気仙沼へ行ってみました。そこで代表の矢部寛明さんとも親しくなりました。ぼくが「日本に帰ってYプランみたいなことをやりたいんだ」と言うと、彼が津和野高校を紹介してくれたのです。

デボラ先生の下で働いていた牛木だったが、自分はアメリカ人でもないし、将来アメリカで何かやりたいと思っていたわけでもないので、このまま現地の社会で活動するには限界があると感じていた。また自分の頭の中で育ってきているものが大きくなりすぎてしまっているという意識もあって「教育の現場に行きたい」という思いが育ってきていた。どうせ現場に行くなら学校と地域に関われてYプランで学んだような授業づくりやプログラムづくりができるところが良い。そう考えていたところに津和野の話が出てきたのだった。

2015(平成27)年の秋、たまたま矢部が津和野高校で総合的な学習の時間に授業をやる機会があった。そのときCNとして津和野に来て2年目だった松原真倫が飛行機を手配してくれ、牛木は急遽、津和野に乗り込むことになった。

そこで牛木は津和野高校の宮本善行校長(当時。現つわの学びみらい代表理事)と出会うことになる。宮本が牛木に会ったのは、当時山本竜也が地域おこし協力隊で津和野に来ているメンバーとシェアして住んでいた家だった。

**宮本** ヤマタツの家で飲み会があり、そこに珍しいひとが来るというので行ってみると牛木君がいました。そこで私が直接、Yプランの話を牛木君から聞きました。Yプランがカリフォルニア大学バークレー校のデボラ教授が推進されているものだと聞き、興味が湧きました。牛木君はその方に直接師事して、いっしょに活動されていたということなので、ぜひ津和野高校に来ていただきたいと思いました。またYプランというのは学生が地域に出て行って、地域の課題を実際に受託して解決していくものだそうで、津和野高校ではCNの中村さんや松原さんが、すでに課題解決型授業をやり始めていましたから、ちょうど合うのではないかと思ったのです。

## ●Yプランの精神で大事なのは「参画の梯子」

牛木をCNとして津和野高校に迎え入れる話は、宮本と牛木の出会いをきっかけに一気に具体化していくが、牛木は解決しなければならない大きな問題を抱えていた。それは「参画の梯子」と呼ばれるものを、どう日本の学校文化の中に根づかせていくかという問題だった。

**牛木**　「Yプランの精神」みたいなものがあるとして、その中でいちばん大事にしてきたのは、大人と高校生の関係性です。「参画の梯子」と呼ぶのですが、Yプランを実施するときもっとも大切なのは、大人と高校生の関係をとことんフラットにしていくことなのです。常に大人と高校生の関係を意識していくこと。大事なのは、それによってたとえ大人がつくったものであっても、そこに関わってもらった高校生の考えを誠実に反映していくことです。

それを誠実にやっていかないと常に危険を伴うと牛木は考えていた。どんな危険かというと、それは参加してくれた高校生の意志を裏切ることになったり、その主体性を奪ったり、やる気を削ぐことになったりする危険だ。こうした危険に鈍感なひとがこのYプランに関わると、高校生はたんなるお飾りになり大人主導の活動をさも高校生のものであるかのように見せることになる。

自分が体験してきた日本の学校という風土では、こういう危険が常につきまとうと牛木は考えていた。

**牛木**　こうした危険をどうやって回避していくか。それを常に考えていくことがYプランの精神なのです。言い方を変えると大人も含めて地域をどうしていくかとか、新しい学びをどうつくっていくのかとか、変化をどう起こしていくのかを含めて「高校生も大人もみんな同じ土台に乗っていっしょにやっていくチームなんだよ」っていうのがYプランの精神なのです。その精神だけは忘れないようにしようと思いました。

牛木がYプランの精神について話すとき、いつも思い出すのは山本竜也が生徒から「ヤマタツ」と呼ばれていたというエピソードだ。山本が生徒から「山本さん」でも「山本先生」でもなく「ヤマタツ」と呼ばれていたところに、ＣＮやＨＡＮ・ＫＯＨの講師・スタッフの先生でも親でもない立場があらわれているのだと牛木は思う。

**牛木**　よくCNと生徒との関係を指して「斜めの関係」とも言うことがありますが、究極的には完全にフラットな、対等の立場でないといけないと思います。20年30年という時間の流れの中で物事はどんどん変わっていく。その中で何が正しいかなんて教えようがない。いま自分はこう思っているとしか言いようがないでしょう。つまり生徒たちに正解を教えることはできない。そういうスタンスでいるということがYプランの精神だと思います。それをヤマタツ呼びはうまく体現していました。

## ●担任と組んで津和野版「Yプラン」をスタート

牛木は津和野高校のCNになるとき宮本校長から頼まれたことがあった。それは「先生方の納得できるものをつくってほしい」ということだった。当時はすでに触れたように中村・松原の両CNが「総合的な学習の時間の見直し」という旗を掲げて新しい試みを始めていた。しかし多くの教師たちにとって「新しいひとが外部からやってきて何やらワイワイガヤガヤやってるな」という以上のものではなかった。

**牛木**　興味はあるものの、これまで中村さんや松原さんがやろうとしてきたものには簡単には乗れないなという空気が先生方の間にはありました。「それをどうにかしてほしい」というのが校長からの要請でした。そういう要請が最初からあったので、ぼくは、初めから先生方の納得のいくものをつくっていくことを重視していました。

牛木はCNになった最初の年である2016（平成28）年に宮本校長とも相談し各学年の担任と組んで津和野版「Yプラン」を展開することにした。テーマは1年生が「防災」、2年生は「観光」とした。

1年生のテーマを防災としたのは、牛木が各担任と顔を合わせたとき1人の教師から「防災をテーマにしたい」という声が出たからだった。冒頭に触れたように津和野町は2013（平成25）年に豪雨災害に襲われており、豪雨がもたらした傷はまだ癒えているとは言えない状況だった。それをテーマに課題解決型のプロジェクト学習＝Yプランを行うのは良いアイディアだと言えたし、何よりも教師の側から自発的に出てきたテーマであることに意味があると牛木は思った。こちらからテーマを押しつけたのではYプランに対する教師たちのモチベーションは上がりにくい。当時牛木がもっとも気にかけたのは、どうやったら教師たちにYプランの意義を理解してもらいモチベーションを長い期間上げておけるかだった。

また行政から豪雨水害当時、津和野町の防災を担当する総務財政課にいた楠寛（現つわの学びみらい事務局長）が関わることになり、先に触れた「参画の梯子」の条件を満たせそうだった。

こうして2016（平成28）年4月に「Yプラン」の精神を取り入れた津和野高校初のプロジェクト型学習がスタートした。牛木、中村、松原、この3人のCNだけでは手薄だったので山本を始めとしたHAN・KOHの講師やスタッフも担任教師のサポートに入り、ここに本格的に高校魅力化事業に関わる外部スタッフと教師たちが協力して行うプロジェクトが産声を上げることになった。

2014、2015年と中村・松原の両CNが中心となって行われた「総合的な学習の時間」でも教師の参加は想定されていたが、すでに触れたように実際にはCNに任せられる形となっており、教師たちの意識改革を狙った中村たちのもくろみはうまくいっていなかった。

**牛木**　当時1年生の担任は、それぞれ国語、数学、英語が専科でした。国語の先生には災害オーラルヒストリーみたいなものをやってもらい、数学の先生には避難所の運営マニュアルづくりをゲームを使いながらやってもらうことにし、英語の先生には外国人でもわかる易しい日本語を使った防災マニュアルをつくってもらうことにしました。その先生は特別支援にも理解の深い先生でした。そこまで設計しておいて、それぞれの先生に提案したのです。

## ●教師と外部スタッフがひとつのチームに

すると牛木が思った通り、最初に「防災をテーマにしたい」と提案した数学の教師が「あ、おもしろそうだね」と二つ返事でＯＫしてくれた。ほかの教師たちからも異論は出ず、牛木は「ああ、受け入れてくれたんだな」と思い、ほっとしたのを覚えている。

２年生のテーマになった観光は、津和野にとって重要な産業であり、それをテーマにすることに反対する声は皆無だった。２年生は文系コース、ビジネスコースがそれぞれ津和野の絵柄を使ったＴシャツをデザインしてつくって文化祭で披露する。理系は夏だったので津和野町の各所で気温を測って涼しいスポットを探すのをテーマにした。

そこから毎週毎週「つぎはどうしよう」と相談しながら教師と魅力化事業に関わったＣＮを始めとしたスタッフがスクラムを組んでこの授業を回していくことになった。

**牛木**　ここで初めて外から来たぼくら魅力化事業のスタッフと先生方とがいっしょになって新しい授業をつくっていくというシチュエーションが生まれたんです。働き方的には問題があるかもしれませんが、ちょっと遅くまで残ってぎりぎりまで話し合って「よし、見えた。来週はこれでいく」とかね。そして最後はコロナ前だったんで打ち上げして。それを外部のぼくらも学校の先生もいっしょにやっていった。いまでもそのときのことを思い出すとニヤニヤしますよ。特に最初に「防災がやりたい」と言ってくれた先生なんか、いまでも顔を合わせたらお互いじわっとくるんじゃないでしょうか。

## ●もはや「Tプラン」とYプランは別のもの

もちろんいまから当時を振り返ると反省すべき点もある。特に牛木が気になったのは教師と魅力化スタッフ、それに一部の生徒が盛り上がっていた陰で取り残された生徒がいたのではないかという点だ。

**牛木**　津和野高校は、生徒がたかだか200人いないくらいの小さな学校なんですが、かたや旧帝大を目指そうかという生徒がいる一方で何度やっても英語の「CAT」の綴りが書けない生徒がいる。レベルという言葉は使いたくないのですが、この少人数の中にステージの大きく異なる子がいるという状況です。こういう生徒たちにグループディスカッションしろと言っても、何をやっているのか理解できないという子もいるのではないか。その一方で隣で寝てる子がいるとやる気を削がれる子もいる。こういう状況の中で相乗効果を出すのは難しい。それを先生方や魅力化スタッフの側が十分わかってないといけない。それがわからないで「はいグループつくってワークショップみたいにやりましょう」ってしちゃうと意味がない。

さらに言えばこうしたワークショップに成果物を期待しすぎるのも問題だと牛木は考えている。なぜかというと成果物を目的にすると最後には担任の教師などが過度に介入していく結果になる。そうするとその成果物は結果的に大人がつくったものなのか高校生がつくったものなのかわからなくなる。そういうものは日本中に溢れていると牛木は思っている。だから津和野版「Yプラン」を始めてみて、牛木は「何がなんでもグループ学習」はやめようと思った。

さらに「何がなんでもプロジェクト型」というのもやめようと牛木は思った。

**牛木**　Yプランをひっくり返すようなことになりますが、プロジェクト型というものも、ほんとうにふんだんに時間があったり、設定がしっかりしていたりとか、きちんと成り立つには前提条件が必要です。こういった前提条件が満たされない場合にプロジェクトっぽいものを取り入れると、さっきの成果物の話のようなことになる。だから何がなんでもプロジェクト型というのもやめようと。思い出すとやめたことの方が多い（笑）。

こうして牛木が持ち込んだ「Yプラン」は、ものの2年も経たないうちに本家のYプランとはまったく別のものに変身した。

**牛木**　プログラムとしてはまったく別のものですね。Yプランに連動しているのはその概念的なものだけですね。さっきの「参画の梯子」とか、どんな形でも良いから社会に参画してほしいとか、またそれだけではやりっ放しになってしまうので、どんな学びがあったか言語化していこうよってことでしょうか。逆に言うとYプランのもともとの枠組みみたいなものは解体されてしまっています。

ここまで変わってしまったのに「Yプラン」と呼ぶのもおかしなものだ。牛木がそう考えていたとき宮本校長（当時）が名前を変えたらどうかと提案した。

**牛木**　宮本先生が「うっしー、もう名前つけちゃえよ。津和野高校だからTプランで良いだろ」そうおっしゃって。ぼくも恥ずかしかったのですが「じゃ、それで」ってことで。

こうしてカルフォルニアで生まれたYプラン（Y-PLAN）は2018（平成30）年、津和野の地でTプラン（T-PLAN）に生まれ変わった。

## 3　トークフォークダンスで町民がどんどん学校に来ることに

### ●ヤマタツと始めたトークフォークダンス

スタートして3年目にYプランからTプランに名前を変えた津和野高校の「総合的な学習の時間」の柱を確認しておくとつぎの5つになる。

Tプランの5つの柱
①トークフォークダンス
②ブリコラージュゼミ
③選択制のプロジェクト型授業
④フィールドワーク（これは近年保留となり、実施されていない）
⑤振り返り

この中で地域のひとたちと津和野高校の生徒たちを結びつけるうえで大きな役割を果たしたトークフォークダンスとブリコラージュゼミについて詳しく触れてみたい。

牛木は、あるとき津和野高校の卒業生に話を聞く機会があった。そのとき卒業生がこう言った。

「卒業したら高校には入りづらい」

また一方で高校生が町でふざけているだけで学校に町民からクレームが来るような雰囲気もあった。

そこで牛木は卒業生にはもっと気軽に高校に来てほしいし、高校生が実は可愛い存在であることも、もっと町のひとに知ってほしいと思った。そんなとき知ったのがトークフォークダンスだった。トークフォークダンスは、京都市で生まれて福岡県の福津市で完成した対話の手法。同じ人数で二重の輪をつくり、フォークダンスのように相手を変えながら対話するものだ。京都や福岡のコミュニティで主に小学生や中学生と大人との対話に用いられていた。それを高校生に応用したのは多分、津和野が初めてだ。いまは島根県内でも広く行われるようになったし、全国にも普及した。

これは津和野高校でも使えるんじゃないかと思った牛木はヤマタツに相談してみた。ヤマタツも「良いね」と言うのでさっそく始めることにした。しかし、言うのは簡単だが80人の高校生がいたら80人の大人に学校に来てもらわなければならない。

## ●「聞く」と「話す」をシンプルな形に

それでもやってみたかったのは、津和野高校の生徒の中にひとと話すのが嫌いになっている生徒が少なくなかったからだ。高校魅力化事業がスタートして以来、生徒たちはひとの前で話したりプレゼンしたりする機会が増えたが、ひとと話すのは、どうしてもハードルが高いと感じている子も少なくないようだった。牛木はそんな生徒に「話すのは実はとても楽しいこと」だし「他人の話を聞くのも楽しいこと」だと気づいてほしかった。

そして話す楽しさ、聞く楽しさをいちばんシンプルな形に落とし込んだのがこのトークフォークダンスだと直感的に思ったのだ。

トークフォークダンスでは「今日の朝ご飯はなんでしたか」のようなだれでも答えられるお題から始まって、「10万円あったら何をしますか」とか「いまありがとうと言いたいひとはだれですか」とか、ちょっとずつ込み入ったお題が出る。話す時間も2分と決まっている。相手の話を引き出す必要もない。自分がお題に沿ってただ2分間しゃべれば良いし、相手はただ聞けば良い。それを相手を代えながら繰り返していくのがトークフォークダンスだ。

**牛木**　そのうちみんな安心して話し出す。大人も高校生も、こんなに自分の話を聞いてもらう機会ってないですから。沈黙したらどうしようと思うかもしれませんが2分間ってしゃべっていればあっという間にすぎちゃうんですよ。このトークフォークダンスを通して、まず現在の津和野高校に入ったことのあるひとを増やすとともに「高校生って可愛いんだね」と思ってくれるひとも増やしたかったのです。

### ●初回は「自分たちのやりたいこと」をお題に

初回のトークフォークダンスは２０１７（平成29）年の９月に行われた。当時を振り返ってヤマタツはこう語っている。

**山本**　最初は自分がやりたいことについてマインドマップにまとめて、それを大人に見せながらコメントをもらうというものだったので、生徒はすでに考えがまとまっているものについて話すので話しやすいし、大人もいま高校生が何をやりたいと思っているか聞けるので興味深い。かなり盛り上がりました。そもそもこのときはほんとうに70人を超える大人が来てくれるのかどうか、企画した側は半信半疑だったんです。なにしろ津和野町で70人集まるということは軽く人口の１％を超えるひとが集まるということですから。

当時の1年生の全学年の数と同じ77人の町民に協力を求めるのは実にたいへんだった。牛木とヤマタツはもちろん、ＣＮやＨＡＮ・ＫＯＨのメンバーが自分たちのつくった津和野での人脈をフル動員して、なんとか77人の参加者を確保した。ヤマタツも地域おこし協力隊の友人などを中心に15、16人は集めた。

初めてのトークフォークダンスだったが、牛木たちの狙いは的中した。生徒はしゃべることに自信を持ったし、自分のやりたいことがはっきりした。地域の大人たちも「あ、高校生がこんなにしゃべれるんだ」と思ってくれた。企画した牛木やヤマタツも地域の大人たちがこんなに関心を持ってくれているのがわかってうれしかった。

このとき生徒たちが「やりたいこと」としてまとめたものの中には、実際にかなったこともあった。たとえば「美味しいものが食べたい」と書いた生徒は、津和野町内に住む、奥さんが韓国人のご家庭にお呼ばれしてキムチをご馳走になった。ただ「自分のやりたいこと」というテーマでトークフォークダンスをやったのは最初の年だけで、以降は地域のひとと生徒との交流の場として先に触れたような簡単なお題で進行するようになった。

## 4 生の体験を味わうブリコラージュゼミで生徒が地域に出ていく

### ●津和野のひとたちの魅力は場所とセット

「Tプラン」の5つの大きな柱のうち、地域のひとが津和野高校に来てもらい生徒と交流を深めるのがトークフォークダンスなら、生徒たちが津和野の町に出ていって地域のひとたちと出会うのがブリコラージュゼミだ。

牛木は津和野に来て1年目と2年目に地域のひととのいろいろな出会いがあった。その中で生徒をこのひとに会わせたいな、ここに連れていきたいなという気持ちがどんどん盛り上がっていった。だが当時の授業の枠組みではそれを実現する機会がない。

**牛木**　津和野って町は、ぼくなんかが歩いていると、フッと魅力的なひとに出会うことがある。そういうひとに生徒が接触してもらいたいと思うのですが、そういう機会はなかなかないし、そういう場に呼べる高校生というのは限られてしまう。

全体の生徒たちのことを考えたとき、どうしたら良いか。それが牛木にとって大きな課題だった。また津和野にいる大人たちは実に魅力的なのだが、高齢の方もいるので、とにかくいまのうちに高校生に会っておいてほしいと牛木は思う。

そこで、たとえば農家のひとに高校に講演に来てもらうことも考えた。だが、畑ではそのひとは活き活きとして魅力に溢れ、話も素晴らしいのだが、演壇に上がった瞬間にショボーンとなってしまうことがある。

つまり津和野の多くのひとたちの魅力は場所とセットなんだな。そう牛木は気づく。それからは、そういう場所で気軽に会えるような仕組みをつくれないかとずっと考えていた。それが

CNとして津和野に来て3年目のことだった。

## ●牛の話は牛小屋で聞く

津和野のひとの魅力が場所とセットなら生徒たちがそこで話を聞かせてもらえばどうか。牛の肥育の達人に話を聞くなら学校にわざわざ来てもらうのではなくて生徒が牛小屋に足を運ぶべきなのだ。牛の話は牛小屋で聞かせてもらうものだ。

そう気づけば後は簡単だった。50人の高校生がいたら6から8ぐらいの「講座」を用意しておいて、高校生がほんとうに好きな講座の場所へ行くことにした。

**牛木**　牛の話は牛小屋で聞かせてもらうし、素晴らしいDJをやるお兄さんがいれば、そこに行って美味しいコーヒーを飲みながら、ただただ良い音楽を聴かせてもらう。ドローンの達人がいれば、それに触れる機会をつくる。3Dプリンターを持っている住民がいれば、それを使ってみたいと思う生徒が訪れるみたいなね。これらは地域とは関係ないかもしれないけど、地域のひとの伝でつながったものだから、すべて地域のリソースだよねって感じですか。その時間になるとみんなパーっと歩いて出かけて決められた時間にまた帰って来る。それが可能な広さの町なんですね。ちょっと遠いところは先生がバスに乗せて引率する場合もあったけど。学校に持って来てもらえる場合は学校でやることもあります。

## ●いま実際に手元にあるものを知る。それがブリコラージュ

そこまで考えたとき牛木はたまたま「ブリコラージュ」という言葉に出合った。ブリコラージュとは「いまあるものでなんとかする」とか「手元にあるもので新しいものをつくっていく」という意味だ。

**牛木**　いろんなリソースがある中で、そこからベストなものを選んでいくのではなくて、少し失礼な言い方かもしれませんが、いま冷蔵庫に入っている食材で新しい料理をつくるような、いま手元にあるものを利用して新しいものをつくるような感覚ね。それがいままではできていなかったし、ぼくらにそういう発想もなかった。結局どこか遠くにベストなものがあって、いつそこにたどりつくんだろうとか、いつそれが降ってくるんだろうとかいった発想でいたので、いま実際に手元にあるものを知ることが大事だなと気づいた。

都会ではなく、津和野という地方の学校で学ぶということは、そういうことだなと牛木は気がついた。「地域」「郷土」「ふるさと」をベースにしたプログラムやカリキュラムは多くあるが、

究極の目的はそういう感覚を育てることなのではないかと思った。

**●最初の年は48講座。振り返りは必須**

最初の年である２０１８（平成30）年は全部で48の講座を準備した。１回２時間半のブリコラージュゼミは、魅力的な大人たちとの出会いを通じて、自分たちが一歩踏み出せば、自分たちの可能性を広げてくれる学びがあることを教えてくれる。先に触れた４つのほかに48講座の中からいくつか紹介してみると……。

和のファッション入門／路上観察学入門／アイドルから見る日本社会／アイスブレーク入門／〝食べる〟を創る 家庭の手づくりスイーツ／雑誌編集体験・煎茶道体験／バックパッカー入門／スポーツハッカソン／YouTube動画をつくろう／そば打ち体験

このとき牛木が繰り返し生徒たちに注意を促したのは「振り返り」の大切さだった。

**牛木**　大切なのは、自分がやりたいことをやった後、必ず振り返りをすることです。そこにどういうひとがいて、どんなことをやり、それを見たり体験したりして自分がどう感じたか。それを必ず言語化しポートフォリオ化する。それをやらないと、ただのやりっ放しになってしまうので体験が蓄積されません。

## ●生の体験を味わうというのがブリコラージュゼミの原点

いま子どもたちを取り巻く教育環境をながめてみると、さっきのプロジェクトの話ではないが、浅いのに複雑化していく学びをさせられることが多いように牛木は感じていた。幼稚園でやったり小学校でやったりする魚釣りなども、だれといっしょにやったかとか、どのように思い出すかによって深い学びにつながる場合がある。

牛木は当時を振り返ると、そんなシンプルな体験を生徒たちにしてもらいたくてブリコラージュゼミをやっていたと感じる。

**牛木**　ぼく自身、たとえば、津和野で地域のお婆ちゃんの家に連れて行ってもらうこともあるんですが、そういうシンプルな生の体験をすることも大事なんじゃないかなと。ぼくも小さい頃の実体験に照らしてみると親戚のとてもセンスの良い叔父さん宅に呼ばれて、ひとことふたことボソボソっとしゃべった体験をいまでも鮮明に覚えていて。そこからいまになって重要な示唆を受けることがあります。

生の体験を味わうというのがブリコラージュゼミの原点なのだと牛木はいまも思っている。

## 5　Tプランで何が変わったか

### ●「何もやらない」「何も変えない」から「あれやりたい」「これやりたい」へ

２０１８（平成30）年から始まったTプラン。その成果で生徒たちはどう変わったか。それ以前（２０１６年、２０１７年）に展開された課題解決型や提案型のプロジェクト学習を大幅に縮小し、総合学習の授業をシンプルなものにした結果、逆に授業ではない場面で生徒たちが「あれやりたい」「これやりたい」と言ってくるようになった。

**牛木**　現在のCNと話していると、こういう子が増えすぎて逆に困っているらしい（笑）。ぼくらが始めた頃は大人も含めて動かない、何もやらない、何も変えないという状況があって。その中から「こんなことをやってみたいので助けてください」と少しずつ自分で動き出す子が出てきた。それはやってもやらなくても良いことなのですよ。最初は県外から来た子が中心だったのだが、だんだんそういう境目がなくなっていきました。

中村はもちろん松原、牛木といったCNは、そもそもこういう状態をつくるためにいろいろやってきた。そこにはこの本だけではとても言い尽くせないような苦労があった。だが、いまはそれが実現された状態になっているように牛木には見える。

**牛木**　生徒たちはもう勝手に地域のひとと交流しようとしているし、地域のひとからは「こんどブリコラージュゼミでこれやりたい」といった申し出がどんどん出てくる。もちろんそこにはCNも関わっていくのですが、ほんとに多層的に地域のひとと高校生がつながっていく。そういう状態が生まれたというのがこの間の活動の成果ではないかなと思います。

こうした地域で活動している大人たちがおもしろい名前の会をつくっている。それが後に詳しく述べる「思うは招こう会」だ。地域の中核として高校生だけでなく子どもたちのためにいろいろ動いてくれている。

## ●いまはCNの存在が当たり前になった

では中村や松原、牛木といった初期のCNが最初に津和野に来た頃に感じた周囲の少し冷ややかな視線はいまはどうなのか。いまのCNたちはまったくそういう視線は感じないということなのか。

**牛木**　そうだと思います。いまはＣＮの存在が当たり前になっていて。これは津和野高校がというよりは、島根県全体の教育がそうなっているからだと思います。他県では先生の教育力を高めて先生にＣＮ的な役割を持たせながら学校改革を進めているところもある。それに対して島根県は常に外部の人間を入れながら教育改革を進めるという方向を選んでいる。それが島根の特に中山間部の教育の特長ですね。同じ島根県でも一学年が２００人ぐらいの大きな進学校では、いまもＣＮを置いていない高校もあります。

中村はこの牛木の述懐に触れて津和野高校にきて2年目に入ったときのことを思い出した。

**中村**　2年目に入り転勤で先生が入れ替わったことで、驚くほど仕事がしやすくなりました。それはＣＮがいることが前提となった状態で、新しい先生が入ってくるからでした。前年ぼくが着任したときのＣＮを見る先生の疑いの目と、新しく来た先生の好意的な目や対応の違いに正直驚いたのを覚えています。

中村や松原、山本が津和野高校という原生林に踏み込み、さまざまなプランを立ち上げる中で切り拓いてきた総合的な学習の時間は、いまTプランとして津和野高校の授業の中に組み込まれ豊かな実りをもたらしている。

また後に触れるように津和野高校魅力化事業で得られたエッセンスは、中学校、小学校、さらには保育園にまでもたらされ「0歳児からのひとづくり」事業として花開いていくことになる。

# 第四章　県外入学者の増加でついに廃校の危機を脱する

## 1　魅力ある出口戦略の提示が入学者増につながる

### ●17年には志願者が、21年には入学者が定員に達する

２０１３（平成25）年の春、当時津和野高校支援担当の宮内が「協力してください、高校がなくなることは町の未来がなくなることだ」と渋谷で中村を掻き口説いたことはすでに述べた。この年、津和野高校に入学した生徒は、80人の定員に対して55人と前年にくらべて１人減っており、これで３年連続60人を割り込んでいた。もしこのまま入学者数が減るようなことがあれば、当時廃校のデッドラインといわれた一学年43人を下回ることもあり得る。まさにギリギリのタイミングで中村がＣＮとして津和野高校に赴任し、それをきっかけに多くのひとびとが協力しながら「津和野高校魅力化事業」を展開してきた。

その効果は、さっそく翌年の２０１４（平成26）年にあらわれた。入学者数が68人と23％増加、４年ぶりに60人台を回復したのだ。そして翌年には入学者数が72人と70人台に乗り、定員にもう一歩と迫った。２０１６年度末、つまり２０１７（平成29）年３月の入学試験では、ついに志願者が定員を超え競争率が１・１倍になった。その後も波はありながら２０２１（令和

3）年には14年ぶりに入学者数が定員の80人に達するなど（競争率は1・16倍）着実に入学者数は増加し、廃校の危機は過去のものになった。

## ●生徒や保護者に魅力ある「出口戦略」を示せるようになった

津和野高校魅力化事業が功を奏し廃校の危機から脱出できた要因のひとつに、いわゆる一般受験ではなくAO入試や推薦入試など、三年間の高校生活で得た「学び」を大学が評価することによって合否が決まる新しい「入試」が普及してきたことが挙げられると見る向きは少なくない。それまでのセンター試験に象徴されるような偏差値一本槍の一般入試とは別に、こうした入試を取り入れる大学が増えたことで「やりたいことができる」津和野高校のような学校が生徒や保護者に対して魅力ある「出口戦略」を示せるようになったのだ。

そしてAO入試とか推薦入試が津和野高校の進路指導のメインストリームになっていったのはHAN‐KOHの講師だったヤマタツ（山本竜也）の功績だと言う関係者もこれまた少なくない。

しかしこれをヤマタツが最初から狙ってやったのかと聞くと本人は「最初は偶然だった」と否定する。

山本が津和野高校で偶然AO入試に関わったのは、HAN‐KOHのできた年だった。その生徒は教員志望で山口大学の受験を希望していた。その入試に模擬授業的なプレゼンがあり、その生徒の模擬授業を指導したのが始まりだった。ヤマタツとＨＡＮ・ＫＯＨ講師の渡辺、それにＣＮの松原もいっしょに指導した。その生徒は見事に山口大学の教育学部に合格した。ただこの生徒は一般入試でも十分、志望校に合格すると教師たちも考えていたので、残念ながら津和野高校の進路指導部を始め教師たちに大きなインパクトを与えることはなかった。

## ●ビジネスコースの生徒が立命館大学に合格

山本たちが指導した生徒がＡＯ入試で思わぬ成果を出し注目されたのは、ＨＡＮ・ＫＯＨができたつぎの年度の入試だった（２０１６年3月高校卒業4月大学入学）。

その年（２０１５年）の夏前のこと、ヤマタツがＨＡＮ・ＫＯＨでやっていた「時事ニュース講座」や「小論文講座」を取っている生徒の中から「歴史が好きでもっと研究したい」と言う生徒があらわれた。商業科の名残りを持ち、進学より就職に向けた学習をするビジネスコースの生徒であり英語の学力が足らず一般入試で大学に入るのは難しいとだれもが思った。しかし歴史に関しては非常に関心も能力も高いので、なんとか入学させられないかとヤマタツたちは知恵を絞った。そこで浮上してきたのがＡＯ入試だった。

**山本**　毛利元就が大好きな生徒でね。歴史と国語がとにかく好き。文章もうまく書ける生徒でした。彼女の「就職から大学進学に進路を切り替えたい」という相談を受けてなんとかできないかと思った。英語ができないので入試科目から英語を外していろいろ探してみると、立命館大学のＡＯ入試の中に論文中心で英語の力が問われないものがあることがわかりました。

さっそく彼女は夏休みに毛利元就と石見銀山を結びつけて考察した論文を書いてきた。世界遺産に登録されている石見銀山は津和野から車で2、3時間の距離だ。歴史に興味がある彼女は何度も訪れたことのある場所だ。なかなかの出来映えだった。その論文をもとにさらに良いものが書けるようにヤマタツたちが特訓して小論文対策を行った。

面接も20分ぐらいあるというので、模擬面接もヤマタツがやった。模擬面接でヤマタツは生まれて初めて面接官をやったのだが、あまり張り切りすぎて結果的にその場で彼女を泣かせてしまう。いわゆる圧迫面接になってしまったのだ。塾ができて1年半ほどたった頃の出来事だ。

彼女はビジネスコースの生徒だったが、ヤマタツが頼み込んで大学向けの進路指導の先生もいっしょに進路サポートをやってくれることになった。もう1人の塾講師だった渡辺も協力してサポートした。その結果、その生徒が論文を書くタイプのＡＯ入試で立命館大学の文学部に見事に合格した。これがＨＡＮ‐ＫＯＨが中心になって指導を行いＡＯ入試に合格させた最初の例になった。

このあたりから徐々にAOや推薦入試で受かる生徒が増えるというフェイズに入っていく。ヤマタツたちにも、生徒の受験にこういう貢献の仕方があるんだなとわかってきた。つまり3年間Tプランを中心にやってきた総合的な学習の時間の学びを積み重ね、まとめていくことが受験につながり、進路サポートにつながるんだとわかってきたのだ。

先に触れたように無料の町営英語塾をつくるという発想が生まれたとき、そこには推薦入試やAO入試の指導をHAN-KOHで行うことで、進学実績をつくっていけるのではないかと中村や宮島、村上らは考えた。だが実際にHAN-KOHがスタートしてみると、総合的な学習の時間同様、日々の授業をどうクリアするかに追われて、とても戦略的に「推薦入試やAO入試の指導」を行う余裕などなかった。まさにこのケースはヤマタツの言うように偶然の産物だった。

## 2 AO入試で難関私立大学慶應、推薦で東大へ

### ●ほんとうに自分が慶應に合格できるのか？

最初にヤマタツたちの指導による「AO推薦入試路線」が津和野高校の一部の教師たちに大きなインパクトを与えたのは、先に「底上げ訪問」のところで紹介したグローカルクラブの部

長・島田美久の慶應SFC合格（2017（平成29）年4月入学）だった。そこから一気にHAN-KOHの講師やスタッフの間でもTプランやマイプロジェクトをAO入試や推薦入試につなげるという方向性が膨らむことになる。

島田は地元・津和野の出身。津和野高校に入学したのは「両親が津和野高校出身であり家から高校が近いというただそれだけ」だった。ただ、中学3年生のときに当時津和野高校のコーディネーターであった中村が給食の時間に来ていっしょに給食を食べた際、コーディネーターという未知の存在を知り期待感とワクワク感を持ったのを鮮明に覚えているという。

島田は慶應大学にAO入試で合格した感想をつぎのように述べている。

**島田**　「ほんとうに自分が慶應に合格できるのか？」という気持ちが初めにありましたが、自分が高校3年間を通じてやってきたこと、活動を通じて出会ったひとの応援があったからこそ、自信を持って合格できる準備を全力でやりたいという気持ちでやっていました。だからこそ、合格発表の際見た、「合格」の2文字と、支えてくれた担任の先生、コーディネーターの方に見守られながら喜びを分かち合えた瞬間は宝物です。

島田の合格がわかった瞬間、進路指導室は教師やCN、HAN-KOH講師などから「おめでとう」「よくやった」の声が上がり、大盛り上がりとなった。それを聞いた2年生が何事かと進路指導室に集まってくる一幕もあった。

**島田**　私よりも、泣いて喜んでくれているひとがいたり、これからだぞと強めのメッセージもいただいたりそれぞれでしたが、みんな私の挑戦に対して、おめでとうの言葉をたくさんくれたことがうれしかったです。

島田は2017（平成29）年4月に慶應義塾大学に入学した後、2021（令和3）年慶應義塾大学大学院に進学した。

島田にとってこの慶應大学に進学したのは正解だったのか。

**島田**　ほんとうに、慶應大学に行くことができて良かったです。津和野町という自分の地元でしっかりと自分と地元と向き合っていたからこそ、身についた貪欲さや学ぶ姿勢は大学生になってからとても活きたという実感があります。学問は、自分でつくっていくものだということを学べたのもこの大学に入ってからです。半学半教の精神を持ちながら、切磋琢磨できる素敵な教授と仲間に出会えてほんとうに良かったと思っています。

### ●津和野高校魅力化事業にとって転機となった2016（平成28）年

島田のAO入試による慶應大学合格は中村にとってもひとつのゴールと言えた。グローカルクラブの部長であり、気仙沼の底上げをともに訪問した島田は、中村にとって思い入れの強い生徒だった。その島田がAO入試で慶應SFCに合格したとき中村は合格発表を島田といっしょに見た。島田は泣いていないのに中村の方が号泣してしまったのは忘れられない思い出だ。そんな思い出のある2016（平成28）年度は津和野高校魅力化事業の進展という視点から見ると大きなエポックとなった年だった。

まず入学者数で言えば、すでに触れたようにこの年度末（2017年3月）の志願者数が1・1倍になった。結果的に入学者は78人と2人足りなかったがこの実績は立派なものだった。県外からも10人ぐらい入ってきた。

高校の入学者数もそうだが、中村は「出口戦略」も重視していた。入学したときからグローカルクラブでいっしょにやってきて気仙沼にも行った島田が3年間の津和野高での経験値や実践値を評価されてAO入試で慶應に入ったことでこれまで目指してきたひとつの目標を達成した。

**中村**　このように入口でも出口でも、最初のゴールイメージを達成したと感じたのが2016

年の年度末です。またうっしーこと牛木君が仲間に加わってTプランとして総合学習の時間を任せられるようになったのもこの年だし、グローカルクラブに顧問の教師がつき、「グローカルラボ」として正式なクラブ活動に格上げされたのもこの年です。顧問についてくれた廣田先生も、奮闘してきたCNをずっと応援し続けてくれたほんとうに信頼できるひとでしたし、事業を推進する体制は充実してきた感がありました。

## ●ほんとうのゴールはどこだろう？

「卒業した生徒のうちだれかひとりでも津和野に帰って来てこちら側に入って高校生を支援してくれるような循環ができたらそれがゴールじゃないか」

ちょうどその頃（２０１６年）、中村たちＣＮや塾のメンバーの中で、自分たちがいまやっていることのゴールってどこだろうと話をしたことが何度もあった。そのとき共通の認識として生まれたのが、これだった。

**中村**　それまではサポートされる側だった生徒が卒業して津和野に戻ってきて、こんどは生徒をサポートする側に回ってくれる。そういう循環ができたら、それが我々にとってのうれしいゴールだろうという話をよくしました。魅力化事業で育った生徒たちがＣＮになったり塾のスタッフになったりして。そういう循環ができれば、これは持続的だし、ひとつのゴールと言えるんじゃないかと。

まだそのゴールは達成されていないが、推薦で東京大学に入学した鈴木元太が1年間スタッフで津和野高校に来てくれたり、ほかの卒業生も顔を出してくれたりと、小さな循環はすでに生まれている。

## ●止めは東大への推薦合格

ＡＯ推薦入学の流れを加速するうえでもっとも大きなインパクトを与えたのは、この鈴木元太の推薦による東大工学部都市工学科合格（２０１９（令和元）年４月入学）だろう。

鈴木は北海道の出身で津和野高校1年の夏から北海道大学が行っているSuper Scientist Program（通称北大ＳＳＰ）に参加、北極圏トナカイの周遊経路変化の要因についての研究に取り組んできた。この北大ＳＳＰは世界が抱える地球規模の課題解決に取り組む研究者の育成を支援するプログラムだ。鈴木は２０１７（平成29）年の12月にアメリカのニューオーリンズで開催されたＡＧＵ（American Geophysical Union）の学会及び、２０１８年1月16日に東京で開催された「第5回国際北極研究シンポジウム（ISAR-5）」で研究成果を発表している。

またマイプロジェクトとして取り組んできた「竹で築こう」プロジェクトは2年生になって参加した「全国高校生マイプロジェクトアワード２０１７全国サミット」（２０１８（平成30）年３月）でベストラーニング賞を獲得している。

**中村**　元太くんに初めて会ったときのことはいまでも覚えてます。横浜の高校1年生だった冬に編入を考えて、津和野に1人で見学に来たんです。大雪の降る日で頭から雪だらけで。少し話をしてみると、問題意識だらけの中でも知性を感じる子で、その想いをぶつけられる場所を探している鬱々とした大学生のような印象もありました。

こういう実績が積み重なっていったことは、塾のスタッフやCNにとっても「あ、こういうやり方があったんだ」という発見につながり、進路指導の教師たちがいままでやってきたような方法、つまり補習などで基礎学力を上げていくという方法のほかにもやり方があるということを示せる。また、そういう方法を提示できたことは自信にもつながった。

**山本**　ＡＯ入試や推薦入試というものは、それまでも先生方が必要と思えば採用していたと思いますが、塾がこれだけの実績を上げ、ＡＯ入試や推薦入試の面倒を見てくれるんだということとを先生方も認識してくださったことは大きいと思いますね。

## ●「そんなに長い時間かけて成果は出るの」という声も

それまで教師個人はもちろん、津和野高校全体が大学受験といえば一般受験をメインに考えており、冒頭で触れたように水害の中でも補習ができるかどうかを心配するような受験勉強第一主義が進路サポートの王道だと考えていた。だから山本がＡＯ入試や推薦入試を進路サポートのメインに据えてやっていくと決めたとき、最初は教師たちから反発を受けた。特に指導に時間がかかりすぎると指摘する声も多かった。

**山本**　「そんな長い時間かけてやって成果が出るの？」とよく言われました。生徒一人ひとりがツコウの三年間でやってきたことをまとめたり論文を書いたりするわけで、生徒も指導する我々も時間を取られます。たとえば当時ＡＯ入試で慶應を狙っていた島田の場合、「厳しい大学狙って長い時間かけてるけど大丈夫なの？」という反応も出てくる。それは不合格のときの進路保障という観点からは仕方がないのかなとは思いましたが。

しかし島田がＡＯ入試で見事に慶應ＳＦＣに合格したあたりから、教師たちもヤマタツたちがつくってきた実績を無視できない状態になってきた。「こんな方法もあったの？」とばかり、あっというまにＡＯ選抜や学校推薦での入学を目指すという流れが、脚光を浴びることになった。

ただ教員の中には、依然こうした進路指導に懐疑的な者もいたと中村は記憶している。

**中村**　学校側、つまり管理職としては入学者も増え、ひとまず廃校の危機を脱してホッと安心していた感はありましたが、先生方の中では入学者の増加は大きな関心ごとや自分ごとではなかったように見えました。「80人定員なら生徒の数は50人ちょっとぐらいの方が教えやすくて良い」。そう思っている先生は少なくなかったですし、志願者が定員を超えたときも「それがそんなにめでたいことなのか」と露骨に言う教師もいました。島田が慶應に受かったことも、先生の関わりが部分的だったためか例外的な捉え方をするひとも多く、すぐにＡＯ推薦を増やそうという流れにはならなかったと思います。

その点、行政や地域の住民の反応はもう少しわかりやすくて、目に見える結果を重視するというところがあった。だから津和野高校の入学者数とか大学の合格者数や進学先には敏感に反応していた。「慶應ＳＦＣにＡＯ入試で合格したらしい」とか「国公立大学の合格比率が上がった」とか、こうしたことはすぐに伝わった。またこうしたことには地域のひとも敏感でよく知っていた。

## ●津和野高校への進学率があがらない

ただ津和野高校魅力化事業を振り返ってみると、不思議に思われる点がある。それは町内からの進学率があまり上がっていないという点だ。津和野町では高校生向けのＨＡＮ・ＫＯＨができて1年半後、２０１５（平成27）年10月5日から中学生までＨＡＮ・ＫＯＨを広げたが、町内の生徒はほかの高校にも進学していた。その理由について山本はつぎのように分析している。

**山本**　ＨＡＮ－ＫＯＨを中学生に広げることで津和野の中学生の学力は向上したと思います。とはいえ津和野はＪＲの山口線が通っていて比較的広い範囲の高校に進学できる。つまり選択肢が広い。また普通高校なので工業系の資格なんかは取れません。だから工業系を希望する生徒は外へ出ていかざるを得ないわけです。最近で言うと津和野高校はいわゆる「探求型の授業」がメインになっている高校というイメージがあるわけですが、「そういう高校でほんとうに大学進学ができるのか」という声はいまでも親御さんの中に根強くあると私は思っています。それを覆さないことには町内からの進学率は上がらないのですが、それはたいへんなんですね。

これだけＡＯ入試や推薦入試での実績を上げてきても、大学受験のイメージを変えるのは並大抵のことではないのだ。かと言って大学受験だけに特化した高校では生徒数を確保できない。そこが中山間地域の小規模校の難しさだ。

## 3 高校生の「国内留学生」の増加が鍵に

### ●島根は「国内留学」の先進県

津和野高校魅力化事業が功を奏し廃校の危機から脱出できた要因のひとつがＡＯ入試や推薦入試による新たな出口戦略を提示できたことであるとするなら、「しまね留学」「地域みらい留学」などに見られるような高校生の国内留学という新たな選択肢を示すことによって県外からの入学者を集めることができたのも大きな要因のひとつと言える。

国内留学という新たな「入口」とＡＯ入試や推薦入試という新たな「出口」がセットになることによって津和野高校は廃校の危機から脱することができたのだ。

中村が初めて津和野高校にＣＮとして赴任した前年の２０１２（平成24）年度、入学者数54人に対して県外入学者はわずか４人。入学者数に占める県外入学者の割合は７％だった。その中村がとりあえず目標を達成したと感じた２０１６年の年度末に行われた入学試験では、16人の県外入学者が合格、２０１７（平成29）年の入学者数に占める県外入学者の割合は20％に達した。

その後も県外入学者は順調に増え、２０２０（令和２）年には25％となった。入学者数が定員の80人に達した２０２１（令和３）年には32％となり、入学者の３分の１が県外入学者となった。もしこの年に入学した県外入学者がゼロだと仮定すると、県内入学者は奇しくも54人となり、２０１２（平成24）年度と同じになる。

この数字を見る限り津和野高校を廃校の危機から救ったのは、国内留学を選んで津和野にやってきた県外入学者だと言える。そしてこの背景には、島根県が国内留学受け入れの先進県として常に他県をリードしてきたという事実がある。

## ●隠岐島前高校の「島留学」がルーツ

そもそも「国内留学」というコンセプトを「島留学」という名前で最初に打ち出したのは、本書で何度も紹介した島根県立隠岐島前高校で、中心となって動いたのはCNをやっていた岩本悠だ。その後「島留学」は「しまね留学」になり、そこから「地域みらい留学」が生まれ、高校生の国内留学の流れは全国に広がっている。現在岩本は「地域みらい留学」の母体となっている一般財団法人「地域・教育魅力化プラットフォーム」の代表理事になっている。

中村は岩本がまだ隠岐島前高校のCNとして「島留学」を展開していた頃からの付き合いだ。当時岩本が打ち出した都会から隠岐の島の海士町《あまちょう》に子どもたちを呼ぶ＝国内留学というコンセプトは注目を集めていて、中村が津和野に来た2013（平成25）年には、同じ島根県の諸島部や中山間部の高校が同じようなコンセプトで都会から生徒を呼ぼうと躍起になっていた。東京など都会で会場を借り、独自の説明会をやるのだが、島前高校ほどの知名度はないから入学希望者はまったく集まらない。

**中村**　この状況をどう思っているか、悠さんに電話したんですよね。ほかの高校の募集はまったくと言って良いほどうまくいっていない。悠さんや島前高校が長い時間をかけていまの成功があるのは十分理解したうえで、緊張しながら合同で説明会を開催できますか、とたずねました。募集する高校も複数あってボリュームがあった方が対外的にもインパクトが出るし、選ぶ中学生側にも選択肢があった方がミスマッチが起こりにくいんじゃないかって。

## ●「島留学」が「しまね留学」そして「地域みらい留学」に

島前高校の岩本にしてみれば、すでに「島留学」を打ち出して実績もある。ほかの諸島部や中山間部の高校はむしろ競争相手だ。いっしょにやれば「お客」である中学生を取られることになる。

**中村**　悠さんは、当時からもっと広い視野で「国内留学」の可能性を見ていましたから、ぼくの提案に嫌な顔ひとつせずに、「おもしろそうだね」と言って、「せっかくだから、県にも協力を呼びかけてみるよ」って。最初は島前高校と津和野高校ともう一校ぐらいでやるはずでしたが、声をかけてみたら島根県内で魅力化事業の予算をもらっている諸島部や中山間部の高校が全部顔をそろえることになった。最初は辞退していた高校も開催の記事が新聞に載った途端、住民から苦情が入り、やっぱり入れてくださいって連絡があったり。その結果「しまね留学」というコンセプトができました。そこからさらに広がって、「プラットフォーム」という財団法人ができて、現在の「地域みらい留学」に発展した。悠さんはいまもその中心にいます。

合同説明会を提案した中村は、自分から言い出したことでもあり、最初の2、3年は合同説明会の場所取りをしたり、募集の事務作業を引き受けたりしていた。それなりにたいへんだったが、参加する中学生や保護者のニーズがつかめたり募集の傾向を把握することができたので役に立ったと、中村は笑って振り返る。

一般財団法人「地域・教育魅力化プラットフォーム」ＨＰによれば「地域みらい留学」には

2022（令和4）年8月3日の時点で全国89校が参加しているという。さらに地域みらい留学とは「都道府県の枠を越えて、地域の学校に入学し、充実した高校生活をおくること」で「北海道から沖縄まで日本の各地域にある魅力的な学校には、そこでしかできない体験と新しいチャレンジが待っています」とある。

高校生の国内留学という流れは、島根で生まれて全国に広がったのだ。

**中村**　当時、都会の高校でやっている教育より、この島根の離島部や中山間部でやっているぼくたちの教育の方が価値があると信じていましたし、そういうものをつくっているという自負もありました。ですから都会の子どもたちに選択の場を与えたかった。同時に、勉強と部活しかない都立高校に行くのではなくて、地方に留学していままでとまったく違う環境で、地域を学びのフィールドにしたまったく新しい学習の仕方をするのもアリなんじゃないかという提言をしたかった。そういう気概を持って募集をしていました。

## ●地域留学が増えた理由

こういうふうに国内留学というものが増えてきた背景を山本はどう見ていたのか。

**山本**　まず日本全国どこでもそうですが、自分の住んでいる場所から通える高校に進学しようとすると、偏差値で輪切りにされて行ける高校というのは決まってきてしまう。それに対してたとえば「地域みらい留学」で国内留学すれば、それ以外のもっと幅広い学校が選べる。しかもそういう「輪切り」から脱したい、中学校までとはちょっと違った生活をしたいと思う生徒を学力にとらわれずに、ひとつの高校が幅広く受け入れ可能な点も魅力なのです。そこが生徒だけでなく、その保護者の気持ちにも刺さっているのではないか。そう考えています。

ここまで増えてくると国内留学の希望者を受け入れたいと考える学校同士で競争のようなことが起こってきてもおかしくない。山本によれば、すでにそういう状態になっていると言う。とはいえ、ここまで国内留学がブームになる前は、いまほど前向きな生徒や保護者ばかりではなかった。

現在はコロナの影響で説明会もリモートでの開催になっているが、コロナ禍前は会場を借り、そこに全国から留学希望者を集めて説明会を開いていた。山本も参加して直接、参加者と話をした。その経験から言うと、国内留学を検討している生徒の半分以上は「都会ではなかなか難しくて」といった中学校までで行き詰まってしまった生徒だと感じた。

**山本**　でも最近は「ちょっとやりたいことがあって」とか「自然の豊かなところで暮らしてみ

たいんです」みたいな前向きに国内留学を捉えている生徒が半分近くはいる感じがしています。そういうふうに積極的に検索して自分に合った高校を探している子に向けて、島根の中でも互いにカラーを出し合って、良い意味で競争していく。それが島根県の高校が国内留学の受け入れに積極的になる理由だと思います。

因みにデンマークでは、本来義務教育は9年生までだが、選択制で希望者には10年生まで通えるという制度がある。14、15歳で自分を見つめる時間があるそうだ。それまでの人間関係や環境から飛び出し、自分を見つめるモラトリアムのような1年間がこの年代の子には元来必要なんだと中村も考えている。

## ●「あなたの一歩によりそいます」

山本が塾のスタッフからCNになったとき、国内留学の説明会に出席する山本に当時校長だった宮本はこう言った。

「ヤマタツ、津和野高校を説明するときは、ちゃんと勉強もする学校で魅力もあるけど普通の高校だよと言ってくれ」

そこには津和野高校に過剰な期待を持って入ってきた生徒が、現実とのギャップにとまどうことを心配する気持ちがあった。

**山本**　それ以前は「やりたいことが何でもできる」みたいなキラキラした感じの広報だったわけですよ。そうするとそのキラキラ感を過剰に受け取って入学してきてミスマッチを起こしてしまう生徒も出てきてたんですね。入学者数は増えたけど。

そういう事情もあって山本は説明を少し「キラキラ感」を抑えたものにした。相手は保護者がいるとはいえ、まだ中学生だ。ひとりの生徒の人生を左右することでもあるから、それまでのように良いことばかり言って勧誘するのはマズいと山本は思った。そうしたらてきめんに応募者数も減ってしまった。部外者からは「なんで減っちゃったの？」とたずねられたが「広報の仕方を抑制しろと言われたから」とは言えない。山本は「私の説明の仕方が悪かったのでしょう」と言うしかなかった。

ミスマッチと言えば、県外入学者たちの生活の場となる寮は、けっして胸を張って「素晴らしい環境」と言える状態ではなかった。それは中村も認める。

**中村**　やはり寮はボトルネックになっていたと思います。物理的にもあまりきれいじゃないし。

ソフト面でも学校の延長になりそうな指導がされていたというのは事実ですね。ただ最近になって地域住民が津和野高校や生徒の生活を支えるために始めた下宿は、外部から目的意識を明確に持ってきた生徒に好まれることもあります。またコーディネーターが下宿大家と学校、生徒や保護者の困りごと相談にのっていることもあって、選択肢が広がっています。また寮でも昔にくらべ柔軟に運営をするようになり、生徒たちの居住環境も急速に改革の方向に向かっています。

中学生が親元を離れて遠い島根の地でひとり暮らしをすると決める。それは人生で初めての大きな決断だ。その決断を促す言葉は生徒のその後の人生を大きく左右する。山本がCNになった頃から説明会やホームページなどでは「あなたの一歩によりそいます」というテーマを掲げ、その一歩を学校も地域も支えられる津和野町を目指していることをアピールした。

## 4　マイプロジェクトが高校と地域を結ぶ

### ●「プロジェクト学習」から「マイプロジェクト」へ

津和野高校魅力化事業が功を奏し、廃校の危機から脱した要因として、AO入試・推薦入試での大学進学者の増加及び国内留学の増加というトレンドをうまくキャッチできたことを挙げてきた。こうしたトレンドをなぜうまくキャッチできたかといえば、そこに中村がCNとして津和野高校に赴任して以来、一貫して取り組んできた「プロジェクト型」「地域の課題解決型」学習があったからだ。

中村が最初に取り組んだ「すてきな駅舎プロジェクト」は、牛木がカルフォルニアから持ち込んだ「Yプラン（Tプラン）」に引き継がれ、さらに津和野高校の「マイプロジェクト」として花開いた。

現在津和野町では高校生はもちろん中学生や小学生にまで「マイプロジェクト」は広がりを見せており、地域のひとびとも子どもたちの「マイプロジェクト」に協力することによって高校生を始め町中の子どもたちとつながり、次章で触れるように「教育による地域起こし」が現実になろうとしている。

ただ「マイプロジェクト」という言葉は、中村や松原がプロジェクト型学習を津和野町に持ち込んだ頃は、まだ現在のように一般的な言葉として使われてはいなかった（「マイプロジェクト」という言葉は、NPOカタリバがマイプロジェクトアワードという大会をつくったことで、全国に普及した）。

最初津和野高校で中村や松原がプロジェクト型学習を始めた頃は、総合的な学習の時間でもプロジェクト型の授業をやっていた。そこからもわかるように、高校生が地域に興味を持って、それを解決していくための活動をすることを学校も積極的に推奨していた。そこでは生徒たちが時間外にチームを組んで協調や共創を目的に行うプロジェクト型学習を想定していた。だから当時を振り返って中村はこうした活動をマイプロジェクトと呼ぶよりアワードプロジェクトと呼んだ方がすっきりする気がしている。1人で行動を起こすには、本人の意欲以外にも、先輩からの妬みなど、まだまだ風当たりの強い時代だったので、グローカルクラブのようにみんなでプロジェクトを実施していた。

その後、牛木や山本がCNになった頃は、次第に個人だったり少数のグループだったりでプロジェクトを行うことも増え、それを牛木や山本たちはその頃注目されてきた「マイプロジェクト」という言葉で呼んだ。

## ●マイプロジェクトは放課後の個人的なクラブ活動みたいなもの

山本は津和野高校のCNとして生徒がやりたいと言うマイプロジェクトを数え切れないほどサポートしてきたが、もっとも印象に残っているのは、すでに触れた鈴木元太の「竹で築こう」と題したマイプロジェクトだった。これはすでに触れたように「全国高校生マイプロジェクトアワード2017全国サミット」（2018（平成30）年3月）でベストラーニング賞を獲得している。

鈴木は、北海道出身で神奈川県からしまね留学で津和野高校に入った。北海道には竹がないので津和野の竹に興味を持った。だが津和野では生活のさまざまな場面で竹が利用されてきたにも関わらず最近は人口減少や高齢化で竹林が放置される危険が出てきた。そこで鈴木は津和野の20年後を考えこのプロジェクトを開始した。

**鈴木元太**　地域の方から竹林を無償で貸していただき、周囲の友人も作業に協力してくれました。活動を通して竹林整備などを通して生まれる地域コミュニティに関心を持ち、進路選択につながりました。

このようにマイプロジェクトに取り組むことによって地域への関心が生まれ、それが地域との結びつきを生み、結果的に3年間の学びの実績として評価されることによって進路選択につながる（鈴木の場合は推薦による東大工学部都市工学科合格）という好循環が生まれてくる。

もちろんマイプロジェクトは評価の対象となる「授業」ではない。あくまで放課後の活動のひとつという扱いだ。現在の津和野高校のカリキュラムでは「総探の時間」（総合的な探求の時間）として2年生がプロジェクト型の授業をやっている。このとき自分がいままでやってきたマイプロジェクトと同じテーマでやる生徒もいるし、違うテーマでやる生徒もいる。山本によれば「マイプロジェクトは放課後の個人的なクラブ活動みたいなもの」と考えてもらえば良いと言う。

**山本**　マイプロジェクトに取り組んでいる最中に「これは受験するときに重要になる」みたいな話はしませんが、特にAO入試なんかにとってマイプロジェクトをやりきったということは非常に重要なポイントになりますね。それを事前に言うと手段と目的が逆転してしまうので言いませんが。

## ●こんなユニークなマイプロジェクトもあった

鈴木元太の「竹で築こう」と題したマイプロジェクトのほかにも、山本が印象深かったマイプロジェクトをいくつか紹介してみる。

・津和野生活を発信する動画制作

愛知県から津和野に来た安本沙羅は2020年立命館大学食マネジメント学部にAO入試で進学した。その安本は津和野高校に在学中、2つのマイプロジェクトをやり遂げた。

安本は、津和野町の魅力をもっと多くのひとに知ってもらいたい、町を元気づけたい、津和野でも生活がこんなにも楽しいんだという気持ちを伝えたいという思いでこの動画制作を始めた。

**安本沙羅**　構成や歌詞、リズムすべて自分たちで考え、制作期間は常にそのプロジェクトのことを考えて生活していました。最終的には地域の方々のおかげさまでとっても素敵な作品に仕上がり、自分自身も「社会」に関わって成長できたし、町のために何かする楽しさを覚えました。

・和菓子屋さんのインバウンドメニュー

これはカナダのバンクーバーに安本が短期留学した際に、レストランのメニューには英語とフランス語表記しかなく困ってしまった経験から生まれたものだ。

**安本**　津和野に来ているインバウンド観光客の方も困っているのではないかと思い、このプロジェクトを始めました。和菓子を英語で表現するのは難しかったですが、実際に畑やつくる場所を見学していく中でどのように表現すれば良いか考え、それを踏まえて、町営塾の方の協力のもと英語表記が完成しました。

安本は、津和野高校の3年間は現在のあなたにとって役に立っていますかときかれて、「非常に役に立っています。積極的に自分からやりたいことを口に出して実行できるようになり、（周りに）ひとが集まるようになった」と述べている。さらにもう一度高校を選ぶとしたらやはり津和野高校を選びますかという問いに、選ぶと答えた後、つぎのように続けている。

**安本**　全国から集まるおもしろい高校生に会うことができ刺激をもらえるし、大好きな地域の方にも出会うことができるし、自分がやりたいと思うことを全力でいっしょに熱くなってやってくれる大人がいるから。

・「部活のマネージャーサミット」

これはクラブ部活動のマネージャーという概念を更新しようと全国規模のマネージャーの役割や在り方についてのサミットを開くことを目指したプロジェクトだ。

**山本**　これは地元出身生徒がやった。マネージャーっていうのは孤独な存在で、先輩に言われた通りに黙々とやっていたりする。でも本来はもっとほかのひとともに広く交流を持って喜びを分かち合いたいのではないかというのがそもそもの始まり。その結果オンラインでマネージャー同士が交流する仕組みをまず島根県でつくっちゃった。それが評価されてマイプロジェクトアワードに島根県代表として出て、その後全国版もつくった。この生徒は中部大学に入学しました。

・伝統銘菓「源氏巻」を比較するマップの制作

これは津和野町の伝統銘菓「源氏巻」を比較するマイプロジェクト。2章で紹介した2021年3月卒業の堀田結子がやったマイプロジェクトがこれだ。あんこが苦手な堀田はこの源氏巻がきっかけで、あんこが好きになった。自分が体験したように、多くのひとに源氏巻の魅力に気づいてほしいと考えたとき、津和野町に源氏巻の魅力を伝えるツールがないことに気づいた。

**山本**　そうです。源氏巻、うまいですよ。和菓子屋が違うと味もまったく違うようです。それを食べくらべてマップにするというアイディアが良い。

このマイプロジェクトはニュース番組で取り上げられ、マップは地元の旅館の全部屋に置かれることになった。

・キャリア座談会

これは先に触れたグローカルラボ（グローカルクラブから発展）の部員たちが始めたプロジェクトだ。このクラブは特異的に学校外の大人と話をする機会が多い。その体験は自分たちのキャリアを考えるうえですごく参考になっている。でもそれはグローカルラボ以外の生徒たちには伝わっていない。だから座談会を開いてほかの生徒に伝えたい。そんなことから始まった。

**山本**　当時はいまよりずっと津和野高校には見学者が多かったんです。こちらも放課後の時間をこの子たちに渡すと楽ができるし、見学に来る大人たちも高校生の生の声が直接聞けて喜ぶ。そんなことから13回ほど座談会を開いたものです。

## ●津和野高校のAO、推薦入試に関わって思ったこと

AO入試や推薦入試への対応を率先して行ってきた山本は、この10年をつぎのように振り返る。

**山本**　生徒たちが津和野高校や津和野町というフィールドでやったこと、そこから気づいてやりたいと思ったこと、それが大学側に評価されるんだということがわかって、すごくおもしろ

かった。

津和野は人口7000人ほどの町なので実態が見えやすく手触りもはっきりしているし、距離感も近い。だから、そこで得たものは、ある意味で真に迫るというか、生徒自身にとっても社会にとっても重要になる。その関係がとてもおもしろいと山本は思った。山本自身はその関係性づくりをお手伝いしているだけだと考えている。津和野町がマイプロジェクトを通じてそういうフィールドになっているのがおもしろい。

とはいえ、難しかったこともある。

**山本**　関わるひとも多いのでいろんな意見が出てくるのをまとめながらやらなくてはならないというのがたいへんでしたね。東大に行った鈴木元太のとき志望理由書を書くにあたって、いろんなひとから「こういうふうに書いた方が良いだろう」と言われたりね。

その意見ひとつひとつに一理はあったのだが、あまりいろいろ言われて困ってしまったこともあった。また指導につい熱が入って、HAN-KOHにちょっと遅い時間まで生徒を残してしまって寮の舎監先生から怒られたりしたこともある。いずれもいまとなっては良い思い出だ。

# 第五章　学びが津和野の未来を開く

## 1　高校だけでほんとうの変化につながるのか

### ●高校生には時間がない

2016年度末、つまり2017（平成29）年3月の入学試験で、ついに津和野高校の志願者は定員を超えた。競争率は1・1倍になり、学校や町の関係者が「廃校の危機は逃れた」と胸をなでおろしていた。だが所詮は県立高校の存続可能性が見えただけであり、町民は津和野町の持続可能性に寄与するような成果とは受け取っていなかった。

高校魅力化事業に取り組んだひとびとも「高校が蘇るだけで津和野の町にほんとうの変化を起こすことができるのか」と危惧していた。

たとえば中村だ。中村が津和野にきて以来こだわってきたのはあくまで「地域の未来を切り拓く人材を育てること」だった。津和野高校が廃校の危機を脱したことは、もちろん喜ばしいことだが、それだけではダメだ。そう考えていた。

高校生には何しろ時間がなさすぎる。津和野高校の生徒は大半が大学に進学するので3年になると受験勉強が中心になる。だからどんな学びをするにしても1年2年の間にやってしまわなくてはいけないという縛りがある。

また、思春期に入っている生徒も多く、恥ずかしさから新しいことにチャレンジしにくい生徒がいることも大きな課題だと感じていた。

だから高校生になる前の早い段階、つまり小中学校や保育園の頃から津和野高校で行われるようになった教育のエッセンスを活かしていった方が良いのではないかと考えた。

## ●学びの連続性の確保を目指して

また高校魅力化事業に取り組んだひとびとの間では、同時に大人の側、特に教師側がもう少し長い時間軸を持って教育を展開していかないといけないのではないかという意見も強くなってきた。

これは中村の教員時代の反省から出た考えでもあった。小学校のときは小学校、中学校のときは中学校のことしか考えられなかった。その先の年代で子どもの成長にどうつながるかを想像して関わることができず、いまの年代だけで完結していたことには強い問題意識があった。子どもたちとの関わりも卒業したら終わり。で、子どもの様子を共有する機会もまだ少ない。だから迷惑をかけまいと苦手をなくすために、無理に急いで教え込んでしまう。教師自体が小学校、中学校、高校で分断されていると感じていたのである。

こうした状況を解決するにはどうすれば良いか。

まずはどういう子どもを育てるのかというこの町の共通ビジョンを意識することが大事だ。中村はそう考えた。後は教える内容にダブりや漏れがないように相互のカリキュラム内容を見える化して、把握したうえで小中高とつなげていくこと。また、どういうふうに子どもを伸ばしていくかという関わり方や教え方についてある程度足並みをそろえること。当時中村はそうしたプロセスを指して「学びの連続性の確保」という言葉をよく使った。

## ●中学校にCNとして入りたい

このように中村はかねてから「学びの連続性の確保」という課題を抱えていた。それを実現するにはやはり自分が高校でのCNの経験を活かして中学校や小学校、保育園に入っていくしかない。そう考えた。

そこで中村は「中学校にCNとして入らせてもらうには、どうしたら良いだろう。自分が話をしても良いか」と教育委員会に相談した。すると「学校にCNの役割を説明し理解があって学校長がOKすれば良いですよ」という返事だった。教育委員会から中学校に話をつないでくれると期待していた中村は、肩すかしを食ったような気がした。中村は直接校長にアポイントを取ってみた。津和野町内には2つの中学校がある。まずは津和野高校にも近い旧津和野町地区にある津和野中学校の校長に話しに行った。

中村はその際にはこんな話をした。

自分は津和野高校でCNとして地域と高校を連携させる仕事をしてきた。その中で今後は高校と中学校の間を橋渡しすることが必要になると考えた。今後は実際に高校でCNをやってきた自分が中学校にもCNとして入ることによって橋渡しの役割が担えると思う。だから週に何回か中学校にも入らせてほしい。

しかし、津和野町の未来を見据えた中村の申し出だったが、当時の学校は教員の多忙感が大きく、「CNを受け入れるということは教員の負担が増えること」と考えていたため断られた。中村は珍しく落ち込んだ。一度は「学びの連続性の確保」という目標を諦めかけた。だが町内にはもうひとつ中学校がある。「諦めるな」そう自分を叱咤した中村は、旧日原地区にある日原中学校にダメ元で話しに行った。すると、多忙さからどんなひとの手も借りたかった学校は、

「ぜひ来てほしい。君みたいなひとを待っていた」

と望んでいた反応だった。中村は天にも昇る気持ちだった。

こうして中村は2017（平成29）年の4月から日原中学校に週3回、CNとして訪問することが決まった。そしてこの年の途中からは小・中・高それぞれの校種をまたいで関わるようになっていた。

## 2 「3つのない」からの脱却と行政の覚悟

### ●CNが与えた大きな刺激

津和野町では、かねてから社会教育の範疇で学びの協働推進事業として公民館主事が中学校と地域との連携を担っていた。だから町教育委員会の担当者はCNの存在価値を肌で感じていた。

中学校にCNとして入った中村は、学びの連続性を確保するためにチャレンジを始めた。一方、教育委員会には中学校にCNが入ることによって学校が変わるのだということを学校側に意識してほしいという思いがあった。つまり、中村が立ち上げた「駅舎プロジェクト」のようなイベントひとつを取ってみても教員だけでは踏み込めない部分を含んでいる。そういう部分の変化を中学校にも求めていたのである。

もちろん教育委員会にも中学校の管理職との調整もなくいきなり異分子を送り込むことへの躊躇があった。新しい事業を始めることは、教員の負担を増やすことにつながると心配していたからだ。そうした躊躇なく、校長に直談判して正面突破を成し遂げた中村に教育委員会も期待していたのだ。

外部から参入し、斬新なアイディアを持ち、正面突破で中学校へ参入する行動力のあるCNの成果は、行政組織にも大きな刺激を与え、その後に小・中学校で活動するCNの役割と教育的価値を学校とともに確立した。
高校魅力化事業によって大きく動き出した町民の教育への関心は行政職員の意識をも改革させていった。

## ●津和野モデルの構築へ

中村は2016（平成28）年地域おこし協力隊による3年間の任期を終えた後、一般社団法人を立ち上げて町のつわの暮らし推進課から委託を受けCNをしていた。中村が「地域おこし協力隊」の3年間という枠組みを超え、継続して津和野に関われるような仕組みをつくったのは、当時つわの暮らし推進課にいた村上剛士であった。

行政では以前から予算がない、前例がない、制度がないという「3つのない」を、ある施策をやらない理由にすることが多かった。施策を構築するには積極的な議論が必要だ。外部の人脈を築いて積極的に情報交換をすることも求められる。そのことを肌で感じた村上は覚悟を持って「3ない」からの脱却を決意したのである。

中村が津和野に来るきっかけをつくった宮内はこのときのことを振り返ってこう語る。

「当時何とかして高校の成果を継続しようと考えていました。いま考えると担当職員の決断と実行力に頭が下がります。地域のひとの協力も得られるようになり一歩進んだなという印象を持ったことを覚えています」

また後に実現するに至った「小・中学校への教育CNの配置」には、前例もなければ予算もないし、活用できる制度もない。そんな「3つのない」という状況の中、新たに小中学校へCNを配置するのは並大抵でできることではない。それはだれにも想像できた。

この困難な仕事を担当した大垣隆はつぎのように語っている。

「せっかく中村さんたちCNが積み上げてきた実績が泡と消えることのないよう必死でした。委員会内での合意が取れ、小中学校にもCNの配置が決まったときはホッとしました」

村上や大垣を始めとした行政職員の「3ない」からの脱却が津和野における「教育の魅力化」を中心に据えたひとづくり、まちづくりの施策を加速させるのである。そして津和野モデルとまで言われるひとづくり体制が構築されていった。

## 3 「0歳児からのひとづくり」事業がスタート

### ●とん挫していた「0歳児からのひとづくり」が動き出す

「工業や商業はほかの町に譲るとしましても、教育事業だけは津和野が引き受けてみせますよ」

これは1927（昭和2）年、詩人・小説家として知られる島崎藤村（当時58歳）が津和野を訪問したおりに、当時の町長が発した言葉である。すでにその頃から教育の町を標榜していた津和野町であった。教育に関する施策を実践していないわけではなかった。

２０１２（平成24）年には幼児教育の必要性を説く当時の教育長の肝煎りで「０歳児からのひとづくり連携会議」が招集された。小学校入学前の時期をさす幼児教育となると福祉の管轄でもあるので、教育委員会としては部局も違う健康福祉課と連携を取る必要がある。そこで行政各課の枠を超えて協力する会議体として「連携会議」が発足した。

しかし、部局をまたいだ会議体であることも影響し、いくつかの取り組みをした後、方向性を見出せずに事業は勢いを失い停滞気味となっていた。

それを知った中村は、これまで高校にＣＮとして入った経験があったので、ここがいちばん関わりやすいのではないかと考えた。だれかが困り感を持っている事業を復活させることや縦割りの組織同士の間に立って両者の橋渡しをするというのはＣＮ・中村の得意技だったからだ。

## ●幼児教育だけでなく小中高まで広げよう

また、その頃中村の頭のなかでは、ようやく先に触れた「学びの連続性の確保」という戦略が明確になってきていた。そこで中村はその会議体で「幼児教育だけでなく小学校や中学校、高校まで広げて計画を立てましょう」と提案した。つまり元々あったが停滞気味で困り感のあった「０歳児からのひとづくり」事業を拡大して計画や戦略をつくっていったのだ。

その際、まずやったのはゴール像を明確にすることだった。

具体的にはこうだ。

目指すゴール像は「大人になっても自ら学び続ける」子どもを育てること。このゴールに向かうためには「幼児教育から力を入れましょう」ということで、幼児教育の充実をもっとも優先順位の高いアクションプランとした。

そして「幼児教育の充実」をひとつの柱にしつつ、学びの連続性の確保となる「タテの連携」と、まち全体を学びの場としていく「ヨコの連携」の2つの柱を加えた、3つのアクションプランを柱として連携会議の場で話し合い事業を見える化していった。

連携会議には、幼児教育やヨコの連携をもっと進めたい、さらに高校までつなげると良いという将来目標があって多くのひとの思惑が合致したのだ。

## ●小さな町の大きな決断

では、その「大人になっても自ら学び続ける」子どもを育てることというゴールに向かって踏み出すには、まず何から始めれば良かったのか。

それに対する答えが小中学校や保育園へのCNの配置だったのだ。2018（平成30）年度からは日原中、青原小、日原小の3つを回るCNが誕生した。

さらに2019（令和元）年度には、CNの役割の理解と受け入れ態勢ができた津和野中からも「うちにもCNを配置してほしい」というオーダーがあった。それに応えるかたちで、さらに2名をCNとして採用。中村を含めて小中学校担当のCNは4人体制になった。そして2020（令和2）年度には、CNの交替もありながら、新たに保・小連携を担当するCNが加わったり、さらに幼児教育CNという保育園を回るCNが健康福祉課に採用され2022（令和4）年度は小中学校及び保育園に関わるCNは9人を数えるまでになった。

2021（令和3）年には、町長が主導して健康福祉課、教育委員会、つわの暮らし推進課の各課を横断した「0歳児からのひとづくり推進室」を町長部局に設置して行政内のヨコの連携を深めている。

数年のうちにこれだけの数のCNを採用することは、人口7000人にも満たない小さな町にとって大変な決断である。CNの有用性は認識しながらも効果を上層部に説明する行政担当者は日々苦悩した。

しかし、高校の魅力化の成果で町内が盛り上がっているこの時期を、また、とん挫していた「0歳児からのひとづくり」が動き出したこの機会を、逃すわけにはいかなかった。ひとづくりで町を変えられるという強い信念がCN配置へと突き動かしていた。

この困難な事業に立ち向かった大垣は当時を振り返ってこう語る。

「世の中にまだ認知されていないCNという職業を理解してもらえるのか、高校の成果が小・中学校で実現できるのか、何より財政的な裏づけをどうするのか、などほんとうに大変でした。まだまだこれからですが、いまは少しずつではありますが変化が見えていることをうれしく思っています」

## 4　まち全体が学びの場

### ●大人になっても学び続けるひとを育てる

こうしてCNによって小学校、中学校、高校の学びを橋渡しするという方向性が現実のものになった。

だが問題はいくらでもあった。

「0歳児からのひとづくり」事業が「大人になっても自ら学び続けるひと」を目標とする以上、生徒の変化を地域の大人が受けとめ、津和野町という地域全体が変化するのでなければならない。そう考えるとやはり高校の改革だけでは地域が変わるきっかけとしては広がりが限定的だ。そんな声も上がった。

こうした問題提起に対して、2018（平成30）年3月に教育魅力化推進協議会が設置され、保小中高の園長と校長、保護者代表、公民館が学校や家庭、地域、行政がいっしょに子育ての充実を話し合うための協議の場ができ上がった。その協議会の行政職員とCNでつくるプロジェクトチームから出てきた意見の中でキーワードとなった言葉は「まち全体が学びの場」だった。この言葉を基に多くのひとびとが議論を重ね、地域のひとびととの知恵が集まっていった。

その結果は、後に『町全体が学びの場─0歳児からのひとづくりプログラム』（以下『パンフレット』と表記）としてまとめられた。

そこには津和野町が育てたい子ども像として、「0歳児からのひとづくり」事業のゴールに据えた「大人になっても　自ら学び続けるひと」がある。だれにでもわかる実に平易な言葉で町が求めている人材像が表現されているのだ。つぎに「子どもと大人がともに学び合う、そんな文化が息づく町を目指しています」という言葉が続く。

それは子どもたちの学びを学校や保育所に任せきりにせず、地域全体で子どもを育む環境をつくりますという宣言でもある。保育園や学校が互いの壁を超えて連携し、子どもたちにつながりのある学びの場を保証する。それが「0歳児からのひとづくり」の基本的な考え方だ。

## ●3つの柱で育てたい子ども像を明確に

そして津和野町はこの『パンフレット』によって町が育てたい子ども像─「大人になっても

自ら学び続けるひと」を目指すための3つの柱を明確にした。これらは動き出した「0歳児ひとづくり連携会議」で合意された「0歳児からのひとづくり事業」のゴール像をより明確にするものでもあった。

1本目の柱は「0歳からの学び」。親の学びの場づくりと子どもの学びの場づくり、保育士の学びの場づくりをそれぞれ重要な取り組み課題とした。『パンフレット』には「幼児教育と言われる就学前から学びの環境づくりを意識し、親の学びの場も含めた0歳からの学びの環境づくり（幼児教育の魅力化）を目指しています」とある。

2本目の柱は「タテの連携」。系統的なカリキュラムと教員協働の場づくり、子どもと協働の場づくりを重要な取り組み課題とし、『パンフレット』には「保小中高で学びを分けることなく大人になるまでの時間軸やつながり・連続性を意識しながら子どもと関わり、育てていくことを目指しています」とある。

3本目の柱は「ヨコの連携」。住民協働の場づくりと公民館協働の場づくり、教育資源の見える化をそれぞれ重要な取り組み課題とした。『パンフレット』には「学校だけではなく、地域全体で子どもの学びの環境をつくることを目指し、地域の大人も関わりながら、学校の場・時間以外でも学べることを目指しています」とある。

3つの柱に沿った具体的な取り組みの一例を挙げると、たとえば「0歳からの学び」では0

歳からの学びワークショップがある。町ではCNを中心に保育士の学びの場づくりとして町内保育士向けに実施。保育園と小学校の連携も視野に入れて、小学校教員と合同での研修も開催している。

## ●大人と子どもがともに学び、創り、表現する

また「タテの連携」では学びの見える化がある。CNが情報を収集整理し、町内の小中高が実施する総合学習の内容を一覧表にし、互いに共有している。これによって内容の漏れやダブりをなくすとともに、つながりや学びの連続性を意識できるように見える化できるようにした。

さらに「ヨコの連携」では、「オトナとこどもの部活動」と称して大人と子どもの協働の場を、学校外に「部活動」として開設。大人と子どもがともに学び、「創り出すこと、表現すること」を目指して実施していた。

子どもたちの生きる力を育むことを目指した「食と学びの子ども広場」や放課後の子どもの居場所づくりを目的にした「放課後さんまの会」という地域の大人と中・高生が協働するひとづくり事業では、行政の複数の部署が協働してお互いのニーズを埋める事業を展開している。

子どもを中心に据えながら、ときには子どもがつなぎ役となり、多世代・多様性が混ざりつながる場を創出するのが目標だ。関わる大人にとっても学び・つながる場になる。

また、ＣＮ、高校生、町営塾ＨＡＮ・ＫＯＨ、中学生が参加して小学生の支援を行っている。町営塾ＨＡＮ・ＫＯＨの英語講師である野村は、保育園から小学校、中学校、高校までの「地域循環型英語教育」プログラムを作成して、その一歩として小学校放課後活動、中学校への英語授業支援、小学校から中学校へつなぐ小学６年生を対象とした先取り講座など地域の英語教育を社会教育の面から支援している。

## ●「こどもとオトナの学級会」に２００人を超す参加者が

こうして、動き出した「０歳児からのひとづくり」は、学校間のタテの学びの連続性から行政各課のヨコの連携、さらに学校、地域、行政の横連携へと大きく進化している。教育からまちづくりという機運は、大人と中高生が対話を通じて子育て、教育やまちづくりについて考える「こどもとオトナの学級会」と銘打った教育フォーラムとして毎年約２００人が参加するイベントとなっている。

教育フォーラムに参加した町長は、津和野町のＨＰ「公務の様子」の中で、高校魅力化から始まったいまの動きを「外部からの人材が重要な働きをした」「まちづくりを楽しむことのできる、当事者意識を持った人材が輝き合っていただけることが私たちの希望であります」と綴っている。

## 5　大人が変わる。子どもも変わる

### ●「思うは招こう会」が立ち上がった

すでに触れたように、高校の魅力化事業による高校生と住民が対話する「トークフォークダンス」というイベントには70人以上の大人が参加してくれた。また、牛木が始めた地域の大人が先生になるゼミであるブリコラージュゼミにも多くの大人たちが参加してくれるようになった。

中でも注目されたのが２０１７（平成29）年に「思うは招こう会」が立ち上がったことだった。

地域の若者数人で立ち上げたこの会は、植松努氏の「思うは招く」の講演を中高生に聞かせたいという強い思いから始まり、彼らは高校、中学、教育委員会などの公的機関に頼らず、町民や地元企業などから募金を募り講演費用を捻出して見せた。後日、植松努さんに「思うは招く」の名を使用する了解を得て会が立ち上がった。

当時代表だった阿部龍太郎がインタビューに答えてつぎのように述べている。

「基本としてあるのは『大丈夫よ、やってみんさい』という思い。活動は学校と家の行き来だけになりがちな子どもたちに、地域の大人と交流できる機会をつくっています。過去には、ピザパーティや中学校へ出前授業などをしました。また、何かをやり遂げる経験を通して自分を好きになってほしくて、小学校でモデルロケットづくりもしました。子どもの『やりたい』を否定せず、『やってみんさい』と応援してあげたいですね」

奇しくも2022（令和4）年の津和野高校のスクールポリシーは「やってみたい」を「やってみる」にする学校となっている。地域も学校も子どもの「やりたい」を応援する体制がある。

元津和野高校校長で現在は一般財団法人「つわの学びみらい」の代表理事をつとめる宮本は「津和野高校魅力化事業そして0歳児からのひとづくり事業を進める中でもっとも大きな成果は『思うは招こう会』の誕生だ」と言い切る。現在でも高校のトークフォークダンスのファシリテーター役は、この会の会員たちによって行われている。

## ●津和野まちとぶんか創造センターの誕生

津和野には一般社団法人「津和野まちとぶんか創造センター（TMC）」という民間団体がある。これも「思うは招こう会」と同じように魅力化事業の延長線上で生まれた民間団体である。津和野に移住して5年目で高校のCNをしていた玉木愛実が2021（令和3）年3月に設立したものだ。

「津和野の歴史的・伝統的文化と呼応する『独創的・創造的な学びの文化』をいかに生成するか」をミッションとするTMCは、津和野町の中心地にガラス張りのコミュニティスペースをつくって、「高校生が安心して居られる場所・学べる場所」を提供している。

玉木はこのコミュニティスペースについてこう述べている。

「学校の中でどんなにユニークで画期的な取り組みをしても、学校に拠点がない地域住民には活動内容自体がわかりづらいと思うのです。地域のひとたちにも、高校生たちが日常的に過ごしている交流の場を見せることで、高校生の活動への興味関心や理解を得られればと願っています。最近では町のひとから『今日も高校生がたくさん集まっているね』とか『（夕暮れのスペースに）灯がともっているのは良いよね』などと言われることも増えました。住民が高校生の活動を見守ってくれる、そんな場になっていますね」

## ●「廃校の危機」から「子育て・教育」へ

停滞していた「0歳児からのひとづくり事業」が動き出してからうれしい変化があった。

最初は高校の入学者数の低下という問題意識から始まった津和野町の住民の活動は、「0歳児からのひとづくり」を始めた頃からは「高校だけの問題だけじゃないだろう」というふうに変わっていった。

中学校は18年間の教育の中の3年間という時間軸を意識したものであってほしいし、教育は学校の中だけで行われるものではなくて地域でも子どもたちは成長するという空間軸を意識したものであってほしいという「0歳児からのひとづくり」に関わるひとびとの願いは、次第に町の住民に届くようになっていった。

子どもたちは学校だけを頼るのではなくて公民館を頼っても良いし、地域の大人を頼っても良い。また学校以外の場所でも子どもたちは成長しているんだから、学校もそうした場所と上手に連携することが重要だ。

## ●「マイプロジェクト」が中学校や小学校に

では「0歳児からのひとづくり」で津和野町の子どもたちは、どう変わったのか。あるいは変わりつつあるのか。

中村を始め、これまで0歳児からのひとづくり事業に関わった多くのひとたちは、高校でさかんに行われていたプロジェクト活動が中学校にも降りて来て、中学生が「マイプロジェクト」として取り組み始めていると感じている。そこが変化だと。

津和野町の中学生が「マイプロジェクト」を報告する会が2021（令和3）年にあった。その中には小中学校のCNもいっしょになって積み上げてきた成果が感じられ、子どもたち自らの想いのこもったプロジェクトがいくつもあがった。

高校生とくらべて校外学習には何かと制約の多い中学生だが、彼らは彼らなりに課題を探してアクションして「こんな失敗をした」とか「こんどはこうしたいんだ」という点を活き活きと発表している。その表情はちょうど10年前、中村が津和野高校の入学式で目にした生気のない生徒たちとはまったく違う。数値には表せないが、それがいちばんわかりやすい子どもの変化ではないかと中村は思う。そういう変化が中学校から小学校にも降りていく。

## 6 「つわの学びみらい」が開く未来

### ●目指すはCNの安定的な雇用

津和野町が高校魅力化コーディネーターとして中村を津和野高校に迎えて10年がすぎた。この間には中村以外にも優れた人材が津和野にやってきた。多くは津和野で実現したい夢を抱え、それを実現しようと努力をした。

津和野高校魅力化事業がスタートした当初、人材の募集や採用した人材の身分保障は地域おこし協力隊の枠組みを使って行われていたので、3年経つと身分保障に不安が生じた。

中には起業した中村のように4年目からは町と委託契約を結んで活動をするひとがいたり、町が直接雇用することで4年目から活動を続けるひともいたりした。いずれにせよ4年目からの身分保障は制度上はないも同然だった。

そこで不安定な待遇と時限的な雇用でなく、持続的に安心して働いてもらうために法人化の構想が生まれた。熱い思いを持って津和野に集まってきた若者の活動拠点にするために法人をつくり、法人がCNやHAN・KOHの講師・スタッフの身分保障をするという構想だ。

## ●一般財団法人「つわの学びみらい」を設立

「0歳児からのひとづくり事業」が動き出すと、CNの雇用の安定化以外にもいくつか課題が表面化してきた。

島根県の高校魅力化では、「離島・中山間地域の高校魅力化・活性化事業実施要項」で、事業支援対象が、高校と町村で構成される団体となっていた。津和野では、「島根県立津和野高等学校後援会」が平成18年に設立されており、高校支援を行っていたため新たな団体は構成せずに後援会がその任を受けていた。

しかし、行政内に後援会の事務局があったため、行政職員が直轄で運営を行っており業務過多になっていた。また、CNの個人能力に頼ったこれまでの事業体制の危うさなどの課題が、事業の持続性と将来性への不安を生じさせていた。

町にとっては再び動き出した「0歳児からのひとづくり事業」の継続性を確保して、教育でまちづくりを推進し、全国に誇れる津和野モデルを創造していくことは、成し遂げたい政策のひとつとなっていた。そのため財政負担は大きいが法人の設立には前向きだった。

一般財団法人になるためには、出資金として最低300万円が必要だった。そこでまず出資金の必要のない一般社団法人「コンソーシアム津和野設立準備社団」を2020（令和2）年の1月に立ち上げた。そして翌2021（令和3）年2月、津和野高校後援会や町議会の理解と学校を始めとする地域の後押しがあって、一般財団法人「つわの学びみらい」が設立された。

当時つわの暮らし推進課係長だった楠は「前例がない」「予算がない」「制度がない」の3ない状態の中で、社団設立からわずか1年で町100％出資の一般財団法人として設立させたのだ。楠もまた「3ない」とは無縁であった。

2022（令和4）年12月の時点では12名のCNやHAN-KOH講師などが一般財団法人「つわの学びみらい」に所属している。

元津和野高校校長の宮本善行が代表理事に、渋谷で中村を掻き口説いた宮内秀和が理事に、そして掻き口説かれた中村純二は同じく理事に就いている。

## ●西周や森鷗外らを世に出した津和野町

津和野という町は明治時代からいままで、啓蒙思想家・西周や文豪・森鷗外らを世に出したように、優秀な子どもたちを育て上げると惜しげもなく中央に送り出してきた。これからは地元に根を張り地元の課題を率先して解決していくような人材も育てたい。そう津和野町のひとたちは思い始めている。

0歳児からのひとづくりが目指す目標のひとつに「地域への愛着を持ち、課題解決力がある人材の創出と、関係人口の創出やUIターンの増加といった数と質の両方の効果」(『パンフレット』より)がある。

## ●わたしが変われば　世界が変わる

「思うは招こう会」のような大人たちに囲まれて育つ津和野の子どもたちは、学校という壁を意識することなく、地域社会に抱かれて成長することができる。中山間地の小さなコミュニティは地域社会というものを意識しながら学べる。そこが都会の小中学校とは違うところかもしれない。いやそれが強みだ。「つわの学びみらい」が開く未来はその強みを活かすことだ。

「つわの学びみらい」のビジョンはこうだ。

「私が変われば　まちが変わる　まちが変われば　世界が変わる」

どんな変化にも、だれかが踏み出した「はじめの一歩」がある。「つわの学びみらい」は津和野町が「はじめの一歩」で溢れるまちにしたいと思っている。

「つわの学びみらい」はミッションとしてCha（チャ）Cha（チャ）Cha（チャ）を体現することにしている。

つわの×学び＝Chance「まち全体が学びの場」
学び×みらい＝Challenge「学びの再構築」
みらい×つわの＝Change「成長が循環するまち」

パイオニアとして高校を劇的に変化させた中村CN。新しい総合の授業を創出し学びの形を変えた牛木CN、進路保障の形を変えた山本CN、行政の「3ない」に真っ向から立ち向かった行政職員たち。

それぞれの「はじめの一歩」が生み出した津和野モデルである。果たしてつぎはだれがどんな「はじめの一歩」を踏み出すのだろうか。

## おわりに

### ●高校魅力化を牽引したCNたちの功績は何か？

まず1つ目は、生徒の変容です。それは卒業後の関わりにも表れています。県外から地域留学してきた多くの生徒が、出身地でない津和野に事あるごとに舞い戻って関係人口としての役割を担っています。

また、ツコウユナイテッドという弊財団のマッチングサイトを通じて、現役高校生の活動、学習を支援してくれています。2023（令和5）年2月に実施された高校2年生の「総合的な探求の時間」の振り返り授業では、アドバイザーとして参加した8名の中の1人として県教育委員会、大学の先生方にまじり講評を行い、ほかのアドバイザーの皆さんや先生方から称賛を浴びていました。地元出身生徒の変容も見逃せません。真面目でおとなしいけど積極性に欠けて、自分の意見を発信できなかった生徒たちがこの10年間で大きく変わりました。自分の「やりたい、なりたい」を拾い集めて、臆することなくアウトプットする姿が多く見受けられます。

そして2つ目は、大人の変化であると思うのです。コーディネーターとして津和野に移住してきた皆さんは高校の魅力化だけでなく、オフで町民の皆さんとの関係性でも変化をもたらしているると感じます。そのパッションは空気を変えるには十分です。大人が、半分諦めかけていた町の活性化への意欲を取り戻すきっかけになっているのではないかと思うのです。高校の存続という一歩が、「まちづくり」は「ひとづくり」からになりました。生徒の心に火がついたように大人にも火がついたのではないでしょうか。

教育という成果の見えにくい活動を「まちづくり」に活かすにも時間の壁があります。超高齢化社会津和野町では、2022（令和4）年12月の1カ月の死没者数20名に対して出生者数1名と自然減が急速に進んでおります。社会減も進んでいます。それだけ過疎地域の現状は深刻なのです。

津和野町民の多くの方々は、いまでも「教育で町の持続可能な社会に貢献するなど成功するはずがない」と懐疑的な思いで見ていらっしゃると感じます。当たり前の反応だと思います。

高校の魅力化で廃校の危機を逃れたとはいえ、目指すゴールは緒に就いたばかりで見通しは明るいとは言い切れません。この10年で紹介しきれないほどの苦難がありました。失敗もたくさんありました。

中村さんが高校に入って2022年で10年、数々のコーディネーターが津和野の教育に関わり、また離れていきました。この本ではパイオニアとしての中村さんに焦点が当たっていますが、1人の力だけでは変革を起こせません。「天の時は地の利に如かず、地の利は人の和に如かず」です。高校魅力化に関わるひとびともめまぐるしく代わっていきます。中心人物がいつまでも関わり続けられるわけでもありません。

改革という旗印のもとで目の前で変化していく子どもたちの姿に日々感動しています。そして期待をしています。それは、また「つわの学びみらい」が設立された理由でもあるのです。立ち止まることはできないと思います。いま、このときも保育から高校までの新しいコーディネーターの皆さんが、町のひとづくりサポーターとして厳しい現状に抗いながらつぎの10年間の学び物語をつむぐ活動を継続しています。

ここで学んだ生徒たちが日本のどこかで、あるいは世界のどこかで、そして津和野という場所で「はじめの一歩」に挑戦し続けてくれることを願いながら。

紙面の関係で掲載できなかった津和野高校後援会の皆様、あるいは津和野町有識者会議委員の皆様には高校魅力化の根幹を支えていただきました。深く感謝申し上げます。

また、お名前を出せなかったコーディネーター、町営塾ＨＡＮ・ＫＯＨの講師・スタッフ、彼らを温かく見守り、激励、支援くださった地域の皆様、学校の先生方、そしてご指導いただきました島根県教育委員会、津和野町つわの暮らし推進課、健康福祉課、津和野町教育委員会など関係してくださったすべての皆様に深くお礼申し上げます。

そして、編集者として取材から校了まで伴走いただきました幻冬舎ルネッサンスの福嶌雪乃さん、ありがとうございました。

一般財団法人つわの学びみらい

# 廃校危機《はいこうきき》からの脱出《だっしゅつ》

## コーディネーターと歩《あゆ》んだ10年間《ねんかん》の軌跡《きせき》

2023年7月31日　第1刷発行

著　者　　一般財団法人つわの学びみらい
発行人　　久保田貴幸

発行元　　株式会社 幻冬舎メディアコンサルティング
〒151-0051　東京都渋谷区千駄ヶ谷4-9-7
電話　03-5411-6440（編集）

発売元　　株式会社 幻冬舎
〒151-0051　東京都渋谷区千駄ヶ谷4-9-7
電話　03-5411-6222（営業）

印刷・製本　中央精版印刷株式会社
装　丁　　野口 萌

検印廃止

Printed in Japan
ISBN 978-4-344-94433-6 C0095
幻冬舎メディアコンサルティングＨＰ
https://www.gentosha-mc.com/